DAS BESTE VON LONDON IN 6 ROUTEN

ROUTE **1** > WESTMINSTER, ST. JAMES'S & MAYFAIR S. 18

Das ist das London der Postkarten. Buckingham Palace, Westminster Abbey und das London Eye. Und der klassische *Afternoon Tea*.

ROUTE **2** > SOUTHWARK S. 38

Southwark ist die Heimat zahlreicher Londoner Klassiker: Tower Bridge, Tate Modern und Borough Market.

ROUTE **3** > SHOREDITCH S. 58

Hier sind Londons hippe Einwohner in den ausgefallenen Boutiquen und Märkten unterwegs.

ROUTE **4** > KING'S CROSS & ANGEL S. 78

King's Cross hat sich gemausert, neue Adressen schießen wie Pilze aus dem Boden. Das Viertel Angel ist jung, lebendig und liegt abseits der ausgetretenen Pfade.

ROUTE **5** > MARYLEBONE, REGENT'S PARK & PRIMROSE HILL S. 98

In der Marylebone High Street kaufen die Londoner gern ein. Primrose Hill ist ein versteckter Winkel der Stadt, mit dörflichem Charakter und entspannter Atmosphäre.

ROUTE **6** > KNIGHTSBRIDGE & CHELSEA S. 118

In Knightsbridge und Chelsea befinden sich die teuersten Häuser Londons, und das spiegelt sich deutlich im Einkaufs- und Gastronomieangebot wider.

HAPPY TIME GUIDE LONDON

Verlasse dein Hotel und gehe direkt zu den schönsten Vierteln der Stadt. Entdecke die neuesten Restaurants, den besten Kaffee und das besondere lokal gebraute Bier. Im **happy time guide** teilen unsere einheimischen Autoren und Autorinnen voller Begeisterung die echten Highlights der Stadt mit dir. So umgehst du die quirligen Haupteinkaufsstraßen und gelangst zu den schönsten Adressen, immer wieder unterbrochen von einem Zwischenstopp bei einer Sehenswürdigkeit. Genieß jede Sekunde und mach das Beste aus deiner Städtereise. 100 Prozent GOOD TIME!

AUF NACH LONDON!

Du wirst London entdecken! Eine meiner Lieblingsstädte. Lass dich von den vielen schönen Stadtvierteln und den beeindruckenden Museen und Galerien inspirieren. Erkunde die prachtvollen Kaufhäuser, aber auch die kleinen unabhängigen Boutiquen. Und reserviere dir einen Tisch in einem der Restaurants berühmter Fernseh- und Kochbuchköche. Nicht zu vergessen: die zahlreichen Lebensmittel-, Vintage- und Antiquitätenmärkte, die Aussicht vom London Eye, die perfekten Gin Tonics in trendigen Cocktailbars oder eine altmodische Bootsfahrt auf der Themse. Ob Sommer oder Winter, in London ist immer etwas los.

Mit dem **happy time guide** kannst du bummeln, die Stadt in deinem eigenen Tempo erkunden und den lokalen Lifestyle kennenlernen. Ohne dich groß vorzubereiten. Unsere Routen führen dich zu beliebten Restaurants, Cafés, Museen, Galerien, Geschäften und Sehenswürdigkeiten: die Orte in der Stadt, die wir selbst gern besuchen und genießen. Es könnte also sein, dass wir uns zufällig treffen.

Keine der Adressen, die wir beschreiben, haben für die Erwähnung bezahlt, weder für den Text noch für die Fotos. Sämtliche Texte wurden von einer unabhängigen Redaktion verfasst.

Best tips ever!

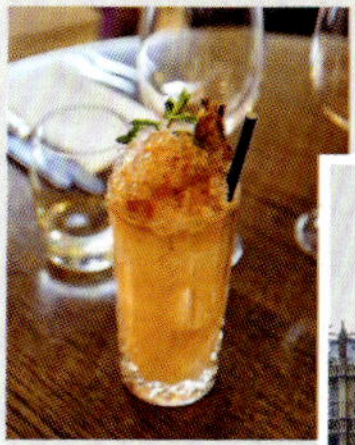
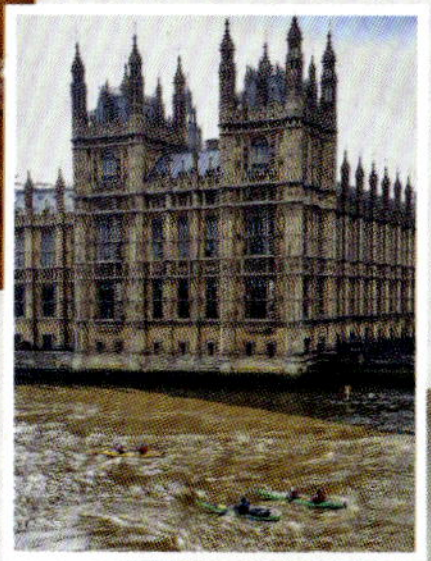
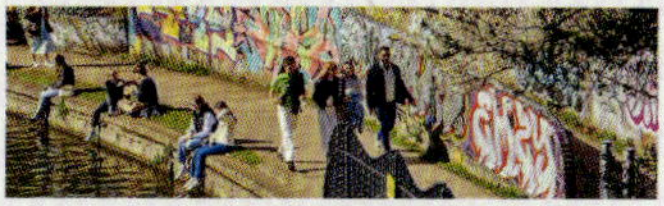
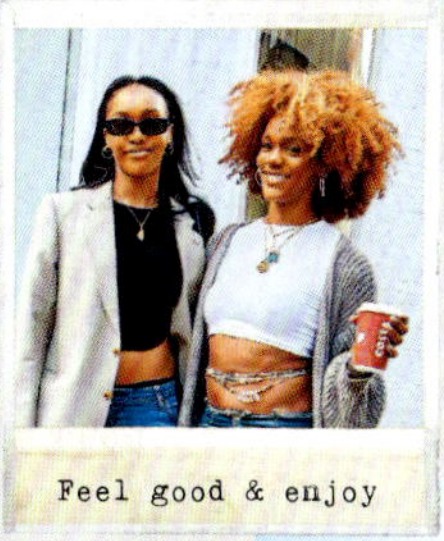
Feel good & enjoy
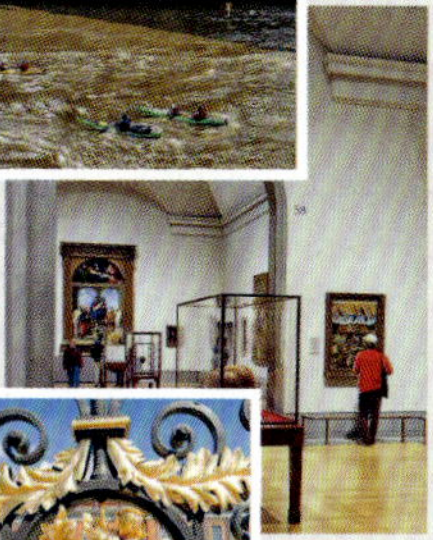
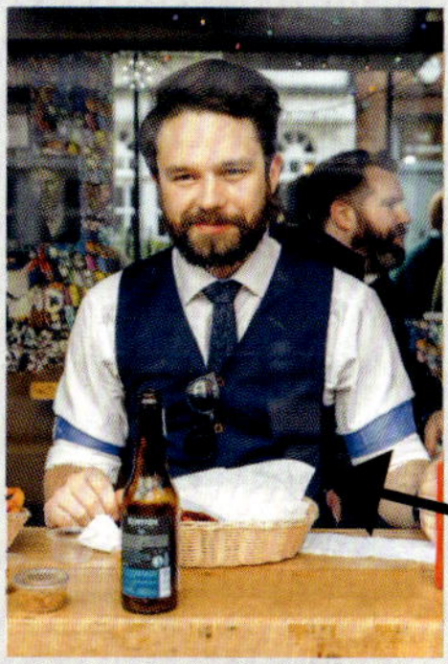
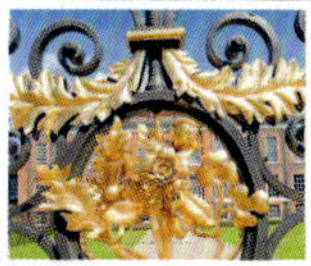
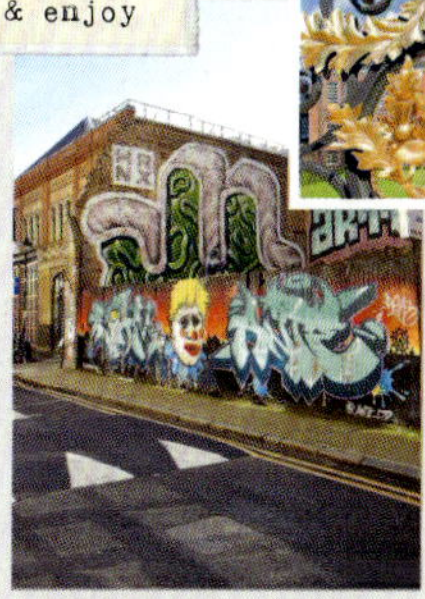
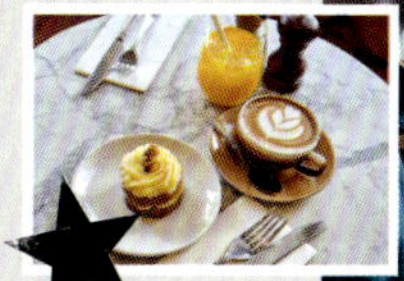
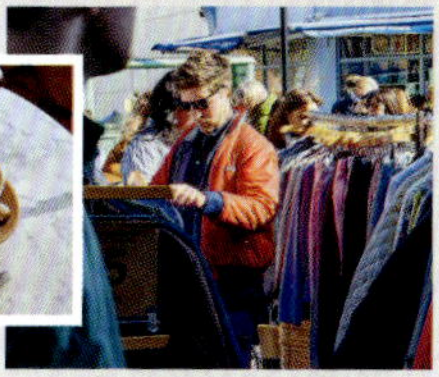

VOR ORT
KIM SNIJDERS

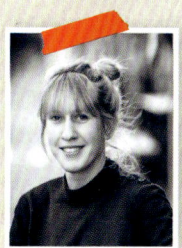

STADT
LONDON

JOB & TÄTIGKEITEN
PR-MANAGERIN

Kim studierte Mode an der AMFI und am London College of Fashion. Sie liebt Vintage-Boutiquen, Pop-up-Märkte und dekadente Kaufhäuser. Liebste Freizeitbeschäftigung: Yoga, Tischtennis und Bowling, Secret Cinema und Erkundung der Stadt zu Fuß. Kim besucht regelmäßig schöne Ausstellungen in der Tate Modern oder im V&A.

PRAKTISCHE INFOS

Auf den sechs Routen in diesem Buch kannst du zu Fuß und in deinem eigenen Tempo die schönsten Viertel der Stadt erkunden. Die Routen führen vorbei an Museen und Sehenswürdigkeiten, aber vor allem zeigen sie dir, wo du besonders gut essen und trinken, einkaufen, genießen und Schönes entdecken kannst. Auf der Übersichtskarte vorn im Buch siehst du, durch welches Viertel die Routen führen.

Jede Route ist zu Beginn des jeweiligen Kapitels auf einem detaillierten Stadtplan genau eingezeichnet. Auch alle Adresse sind auf der Karte vermerkt. Anhand der farbigen Punkte siehst du gleich, um welche Art von Adresse es sich handelt (siehe Legende unten auf dieser Seite). Weiter hinten im Kapitel wird jede Adresse ausführlich beschrieben.
Wenn du die beschriebenen Adressen nur kurz besuchst, brauchst du maximal drei Stunden für eine Route. Die Streckenlänge in Kilometern steht oben in der Routenbeschreibung.

PREISE
Damit du eine Vorstellung von den Restaurantpreisen bekommst, steht bei den Adressenangaben immer eine Preisangabe. Wenn nicht anders angegeben, gibt der Betrag den Durchschnittspreis für ein Hauptgericht an. Die Eintrittspreise von Sehenswürdigkeiten sind Normaltarife.

GUT ZU WISSEN
Nationale Feiertage werden in England als *Bank Holidays* bezeichnet. Die meisten Geschäfte sind an diesem Tag geöffnet und haben Öffnungszeiten wie am

LEGENDE

🟡 >> SEHENSWÜRDIGKEITEN   ⚫ >> SHOPPEN
🔴 >> ESSEN & TRINKEN   🟢 >> FREIZEITTIPPS

Urban exploring

Sonntag. Auch die öffentlichen Verkehrsmittel fahren an diesem Tag. Eine Ausnahme ist der erste Weihnachtsfeiertag, an dem die öffentlichen Verkehrsmittel nicht fahren. Die Restaurants, die geöffnet haben, sind bereits Monate im Voraus ausgebucht.

Die meisten Geschäfte in London sind sieben Tage in der Woche geöffnet, oft von 10.00 bis 20.00 Uhr, mit kürzeren Öffnungszeiten an Sonntagen. Es gibt Ausnahmen, sodass es sinnvoll ist, die Öffnungszeiten zu kontrollieren. In Restaurants wird häufig automatisch ein Trinkgeld von 10 bis 15 Prozent auf den Preis aufgeschlagen. Trinkgeld ist nicht obligatorisch, aber gebräuchlich. Achte also darauf, dass du nicht zweimal Trinkgeld bezahlst. Wenn es nicht direkt auf die Rechnung gesetzt wird, erwartet man 12,5 Prozent Trinkgeld.

Versuche Zugfahrten, Sehenswürdigkeiten und Attraktionen so weit wie möglich im Voraus zu buchen. Online sind die Preise oft deutlich niedriger als vor Ort.

TYPISCH LONDON
Ein typisches englisches Frühstück ist natürlich ein *English Breakfast*. Dieses besteht normalerweise aus Spiegelei, Toast mit Speck und Bohnen in Tomatensauce.

In London und im übrigen England ist es Tradition, sonntags ausgiebig zu Mittag zu essen. Oft wird dann ein *Sunday Roast* serviert. Diese Mahlzeit besteht aus Fleisch, Kartoffeln, Gemüse und einem *Yorkshire Pudding*.

Eine weitere Tradition ist natürlich der Nachmittagstee. Nichtbriten verwechseln ihn häufig mit dem *High Tea*. Der *Afternoon Tea* wird um vier Uhr nachmittags serviert. Dazu isst man süße oder herzhafte Snacks und trinkt eine Tasse Tee. Ein *High Tea* ist mit einer Mahlzeit vergleichbar. Die Londoner trinken viel Tee. Vorzugsweise schwarzen Tee mit einem Schuss Milch, der auch *Builder's Tea* genannt wird.

FEIERTAGE
Viele Feiertage werden als *Bank Holidays* bezeichnet, da die Banken an den Tagen offiziell geschlossen sind. Diese fallen in der Regel auf einen Montag. Ne-

ben den variablen Tagen Karfreitag und Ostermontag hat England noch folgende Feier- und Gedenktage:

1. Januar > Neujahr

Erster Montag im Mai > May Day Bank Holiday

Letzter Montag im Mai > Spring Bank Holiday

Letzter Montag im August > Summer Bank Holiday

25. Dezember > Christmas Day

26. Dezember > Boxing Day

HAST DU NOCH TIPPS?

Wir haben diesen Reiseführer mit größtmöglicher Sorgfalt zusammengestellt. Das Angebot an Läden und Restaurants wechselt in London jedoch fortwährend. Wir sind bemüht, die Routen und Adressen auf dem aktuellen Stand zu halten und überarbeiten diesen Reiseführer regelmäßig. Wenn du trotzdem eine Adresse nicht mehr finden kannst oder andere Anmerkungen oder Tipps zu diesem Reiseführer hast, dann lass es uns wissen. Schreib uns eine Mail an lektorat@verlagshaus.de.

VERKEHR

ZUG

Wenn du mit dem Zug nach Aachen, Köln, Düsseldorf, Duisburg, Essen oder Dortmund fährst und dort in den **Eurostar** umsteigst, kommst du am St. Pancras International an. Von hier aus kannst du ganz einfach mit der U-Bahn, dem Taxi oder dem Bus alle Bezirke der Stadt erreichen.

FLUG

Von jedem der fünf **Flughäfen** in London erreichst du das Zentrum Londons innerhalb von 45 Minuten mit Zug oder Bus. Für eine einfache Fahrt ins Stadtzentrum bezahlst du mit dem Zug etwa 15 £. Mit dem Bus sind es etwa 10 £, während die Fahrt mit dem Taxi mindestens 55 £ kostet. Informationen über Züge unter www.thetrainline.com. Von den Flughäfen Heathrow und London City kannst du übrigens auch mit der U-Bahn für etwa 5 £ ins Stadtzentrum fahren.

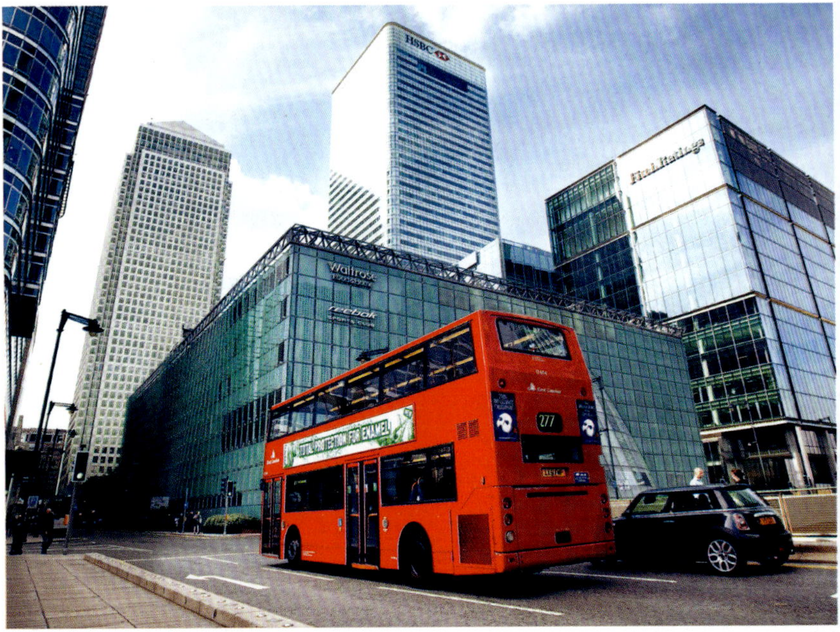
HSBC
Waitrose
reebok
277

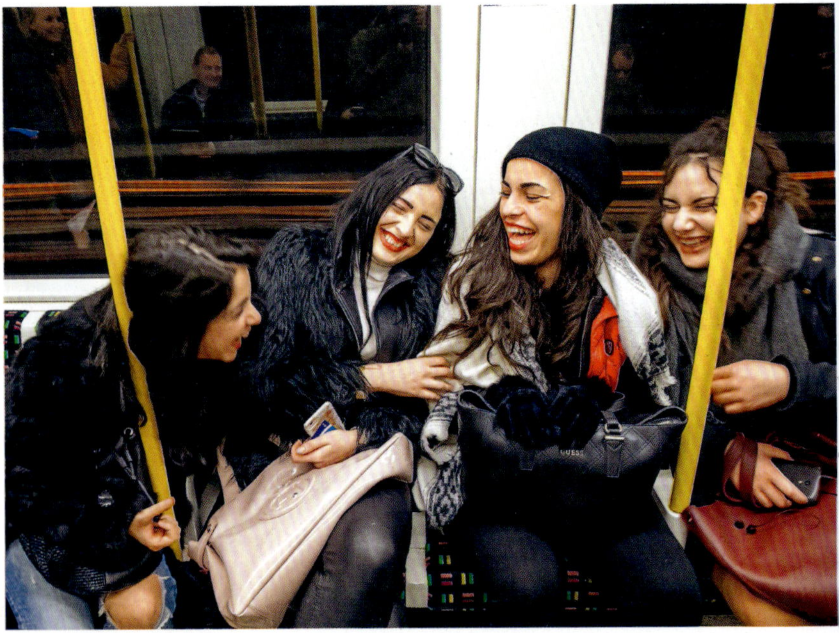
GUESS

U-BAHN

Im Zentrum Londons ist die **U-Bahn** (*Tube*) die schnellste Art, um herumzukommen. Wenn du mit einer Bankkarte im Ausland kontaktlos bezahlen kannst, solltest du diese für U-Bahn, Bus und einige Züge verwenden. Du musst sie einfach beim Betreten und Verlassen einer U-Bahn-Station elektronisch auslesen lassen. Ansonsten kaufst du dir eine Oyster-Karte für 10 £, die genauso funktioniert. Diese Prepaid-Chipkarte kannst du sowohl online als auch in den meisten Bahnhöfen kaufen (siehe *www.tfl.gov.uk*). Eine durchschnittliche U-Bahn-Fahrt kostet 2,50 £ mit Bankkarte oder Oyster-Karte. Einen Überblick über alle U-Bahn-Linien findest du auf dem U-Bahn-Plan auf der Rückseite des Reiseführers.

BUS

Der **Bus** ist die beste Möglichkeit, um viel von der Stadt zu sehen. Eine Fahrt vom oder zum Stadtzentrum kostet 1,65 £ mit Bank- oder Oyster-Karte. Im vorderen Teil des Busses werden Endziele und Zwischenhaltestellen angezeigt. Außerdem gibt es ein umfangreiches Netz von Nachtbussen. Weitere Informationen unter *www.tfl.gov.uk/buses*.

OFFENER DOPPELDECKER

Dank der offenen Doppeldeckerbusse kannst du viele der Londoner Sehenswürdigkeiten in einigen Stunden sehen. Es gibt mehrere Unternehmen, die von den berühmten Sehenswürdigkeiten abfahren, wie Big Bus Tours (*www.bigbustours.com*). Die Fahrkarten kosten etwa 40 £.

TAXI

Du kannst ein Taxi, ein *Black Cab*, rufen, indem du die Hand hebst. Das Taxi ist frei, wenn das Licht eingeschaltet ist. Mit drei oder mehr Personen ist es auf kurzen Strecken ein günstiges Transportmittel. *Minicabs* sind billiger, aber nicht immer zuverlässig. Diese kannst du nicht auf der Straße anhalten und es ist besser, sie abzulehnen, wenn sie sich anbieten. Rufe lieber das Unternehmen an, das auch dein Hotel nutzt. Es ist üblich, den Preis im Voraus zu vereinbaren.

BOOT

Du kannst dich auch per Boot in London fortbewegen. Vom schnellen Linien-
dienst bis zur langsamen Rundfahrt ist alles möglich. Weitere Informationen unter *www.tfl.gov.uk/river* oder *www.thamesclippers.com* für das Schnellboot.

RAD FAHREN

Trotz des trubeligen und für uns ungewohnten Linksverkehrs und der fehlenden
Radwege fahren immer mehr Londoner Rad. Dies liegt zum Teil daran, dass der
frühere Premierminister und ehemalige Bürgermeister von London, Boris John-
son, der selbst mit dem Fahrrad zur Arbeit fuhr, ein Verleihsystem einführte und
Super Highways für Radfahrer bauen ließ. Leih dir also auf jeden Fall ein **Fahrrad**! Aber *be aware*, denn Autos und Busse nehmen nicht immer Rücksicht auf
Radfahrer. Entweder weil sie es nicht gewohnt sind, oder aus Frustration. Das
Tragen eines Helms auf dem Rad ist nicht vorgeschrieben, ist aber zu empfehlen. Stelle dein Fahrrad auch nicht einfach irgendwo an der Straße ab, denn dies
ist hier weniger üblich als in anderen Städten.

Die vorgestellten Spaziergänge durch Knightsbridge & Chelsea und Marylebone,
Regent's Park & Primrose Hill eignen sich gut als Fahrradrouten. Du kannst dazu
zum Beispiel Santander Cycles nutzen. Diese Fahrräder stehen überall verstreut
in der Stadt und können ganz einfach mit der Kreditkarte ausgeliehen werden.
Die Startgebühr beträgt 2 £ pro Tag. Jedes Mal, wenn du ein Fahrrad am Stell-
platz abholst, ist die erste halbe Stunde kostenlos. Wenn du länger fährst, bezahlst du 2 £ für jede halbe Stunde. Weitere Informationen unter *www.tfl.gov.
uk/cycling*. Diese Website listet auch schöne Radstrecken.

TOP 10 RESTAURANTS

Lunchtime!

TOP 10 | **AUSGEHEN**

Let's start the game

1 Cocktails in 40er-Jahre-Atmosphäre bei **Cahoots** > 5 Kingly Street

2 Bands und DJs erlebst du im **Oslo Hackney** > 1A Amhurst Road

3 Lust auf Disco? **Carwash** ist *the place to be* > 19 Dering Street

4 Der Hotspot für Jazzliebhaber: **Ronnie Scott's** > 47 Frith Street

5 Ein Abend zum Lachen? Stand-up-Comedy gibt es in der **Hoxton Hall** > S. 77

6 **The Shard** hat eine Silent Disco im 72. Stock > S. 45

7 Eine der ersten Londoner Speakeasy-Bars ist **Purl** > S. 106

8 Eine Partie Tischtennis im **Bounce** > 241 Old Street

9 Altmodisches Bowling gibt es bei **Bloomsbury Bowling Lanes** > Bedford Way

10 Cocktails schlürfen im **69 Colebrooke Row** > S. 90

1   Antiquitäten findest du bei **Alfies Antique Market** > S. 114

2   Genieß Atmosphäre und Leckereien im **Borough Market** > S. 56

3   Originelle Designs findest du auf dem **Upmarket** > S. 77

4   Besuch den berühmten **Portobello Road Market** > S. 139

5   Farbe bekennen auf dem **Columbia Flower Market** > S. 77

6   Gehe wie die hippen Londoner auf den **Broadway Market** > S. 77

7   Londons berühmter Fleischmarkt: **Smithfield Market** > S. 57

8   Streetfood und andere Köstlichkeiten bietet der **Maltby Street Market** > S. 49

9   Vintage und Souvenirs auf dem **Old Spitalfields Market** > S. 74

10   Eine Ansammlung von Essensständen: **Partridges Food Market** > S. 137

TOP 10 — SONNTAG

1 Beginn den Tag mit einem Frühstück im **The Breakfast Club** > S. 68

2 Erfahre mehr über Wissenschaft im **Science Museum** > S. 122

3 Fahre Rad, picknicke oder lass Drachen fliegen im **Regent's Park** > S. 114

4 Kaufe bei **Liberty**, dem Lieblingskaufhaus der Londoner > S. 34

5 Bewundere die Stadt von oben im **London Eye** > S. 37

6 Besuch den Prime Minister in **10 Downing Street** > p. 37

7 Genieß einen *Afternoon Tea* im **The Berkeley** > S. 126

8 Botanische Pracht erlebst du in den **Kew Gardens** > S. 141

9 Schau dir eine Tanzvorführung im **Saddler's Wells** an > S. 97

10 Bestell *Fish 'n' Chips* im **The Golden Hind** > S. 106

ROUTE 1

WESTMINSTER, ST. JAMES'S & MAYFAIR

INFOS ZUR ROUTE

Diese Route führt vorbei an bekannten Londoner Sehenswürdigkeiten. Es gibt viel Geschichte und Kultur, aber du kannst auch gut einkaufen und findest schicke Restaurants und Hotels zum Abendessen oder Nachmittagstee. Der Weg ist recht lang, aber du kannst den mittleren Abschnitt durch den St. James's Park auch mit dem Fahrrad zurücklegen, sodass du etwas schneller bist.

DIE VIERTEL

Das am Nordufer der Themse gelegene **Westminster** zählt zum London der Postkarten. Der größte Teil von Westminster steht auf der Liste des UNESCO-Weltkulturerbes und ist bei Touristen äußerst beliebt. Hier liegen die politischen und religiösen Machtzentren der Stadt, wie **Houses of Parliament**, **Downing Street** und **Westminster Abbey**. Seit dem 11. Jahrhundert wird Großbritannien von hier aus regiert. Der berühmteste Teil der Houses of Parliament ist die Turmuhr, auch **Big Ben** genannt. Sie wurde im späten 11. Jahrhundert erbaut, doch nach einem Brand 1834 stammt der größte Teil des Gebäudes aus der Zeit um 1840. Südlich von Westminster liegt der **St. James's Park**. Hier steht der **Buckingham Palace**, die königliche Hauptattraktion der Stadt. Seit Königin Victoria 1837 hier einzog, ist er die offizielle Residenz der Monarchie. Queen Elizabeth II. war bis zu ihrem Tod im September 2022 fast die einzige Bewohnerin dieses Teils von London. Die stattlichen Gebäude rundherum beherbergen meist vornehme Büros, Regierungsgebäude und luxuriöse unbewonte Wohnungen.

Nördlich des St. James's Park liegen die beiden noblen Stadtviertel **St. James's** und **Mayfair**. Neben den schönen historischen Gebäuden und eleganten Plätzen ist dies die Nachbarschaft der *gentlemen's clubs* und der perfekt geschnittenen Anzüge. Seit 1800 ist die **Savile Row** eine der berühmtesten Straßen für Maßschneiderei.

BESCHREIBUNG ROUTE 1 (ca. 9,8 km)

Beginn den Spaziergang mit einem Besuch der Royal Mews ❶ und der Queen's Gallery ❷ und gehe weiter zum Buckingham Palace ❸. Laufe über The Mall in den Park ❹ für eine Pause ❺. Gehe Richtung Horses Guard Road zu den Churchill War Rooms ❻. Über Storey's Gate nach Süden bis zur Westminster Abbey ❼. Jetzt eine Pause im Cellarium Café & Terrace ❽. Oder laufe zurück bis Broad Sanctuary, Parliament Square und biege rechts in die St. Margaret Street ein. Gehe in die Abingdon Street zu den Houses of Parliament und etwas weiter zum Jewel Tower ❾ ❿ ⓫. Gehe zurück zum Parliament Square, von dem aus du bereits das Riesenrad sehen kannst. Biege rechts in die Bridge Street ein und überquere die Westminster Bridge. Auf der anderen Seite links und die Treppen hinunter und am Wasser entlang. Passiere das London Aquarium und gehe zum London Eye ⓬. Oder laufe vom Parliament Square aus direkt weiter. Die Parliament Street geht in Whitehall über, wo du an Downing Street ⓭ und den Horse Guards ⓮ vorbeikommst. Am Ende liegt der Trafalgar Square ⓯ ⓰. Biege dort links in die Pall Mall ein, dann rechts in die Suffolk Street, und nun die erste links, um etwas zu essen oder zu trinken ⓱. Biege danach rechts ab zu einem ungewöhnlichen Mini-Kaufhaus ⓲. Verlasse den Haymarket und biege links zum Piccadilly Circus ⓳ ab. Von hier aus links die Straße Piccadilly zu einem typischen britischen Kaufhaus, der Kunsthochschule und einem schicken Hotel ⓴ ㉑ ㉒. Dann laufe ein Stück zurück und gehe links durch die Burlington Arcade ㉓. Wenn du links abbiegst, kommst du zur Bond Street ㉔. Links liegt die Old Bond Street und rechts die New Bond Street. Spaziere durch die New Bond Street und biege rechts in die Clifford Street Richtung Savile Row ㉕ ein. Oder nimm die nächste rechts, Conduit Street, für ein angesagtes Restaurant ㉖. Wenn du die Conduit Street verlässt, kommst du zur Regent Street ㉗. Biege links ab und dann rechts in die Great Marlborough Street zu einem schönen Kaufhaus ㉘. Setze den Weg auf der Regent Street fort, biege links in die Hanover Street ein und laufe am Hanover Square vorbei in Richtung Brook Street. Hier kommst du rechts zu einer schönen Einkaufsstraße ㉙. Jetzt links in die South Molton Passage, wo ein Antiquitätenmarkt stattfindet ㉚. Gehe links in die Davies Street für ein Bier ㉛ oder biege für den besten Nachmittagstee Londons ㉜ links in die Brook Street ab. Gehe zur anderen Seite der Brook Street und weiter durch den Grosvenor Square zur North Audley Street und beende den Spaziergang mit einem Essen ㉝ ㉞.

SEHENSWÜRDIGKEITEN

① Neugierig auf die Pferde und motorisierten Fahrzeuge der königlichen Familie? Diese kannst du dir in den **Royal Mews** anschauen. Hier steht auch die goldene Kutsche von George III. aus dem Jahr 1762.

Buckingham Palace, Buckingham Palace Road, SW1W, www.royalcollection.org.uk, Mo & Do–So 10.00–17.00 Uhr, bei Staatsbesuchen geschlossen, Eintritt 14 £, U-Bahn Victoria

② Bis vor Kurzem war die Royal Collection, die umfangreiche Kunstsammlung der Königin, nicht für die Öffentlichkeit zugänglich. Nun ist diese Sammlung aber kein Geheimnis mehr und du kannst in **The Queen's Gallery** Werke von Künstlern wie Michelangelo, Vermeer und Rubens sehen.

Buckingham Palace, St. James's Park, SW1A, www.royalcollection.org.uk, Mo & Do–So 10.00–17.30 Uhr, Eintritt 17 £, U-Bahn Victoria/Green Park/Hyde Park Corner

③ Der **Buckingham Palace** ist seit dem Einzug von Königin Victoria im Jahr 1837 die offizielle Residenz der Monarchie. Im August und September werden einige der 775 Zimmer für die Öffentlichkeit geöffnet. Die meisten Besucher kommen für das *Changing of the Guard*.

St. James's Park, SW1A, www.royalcollection.org.uk, Wachablösung Mo, Mi, Fr, Sa 11.00 Uhr, im Sommer tgl. 11.00 Uhr, Eintritt frei, Royal State Rooms 30 £, U-Bahn Victoria/Green Park/Hyde Park Corner

⑥ Von den unterirdischen **Churchill War Rooms** aus leitete Churchill während des Zweiten Weltkriegs militärische Operationen. Der Komplex ist fast unverändert geblieben und vermittelt ein großartiges Bild vom London der Kriegsjahre. Im dazugehörigen Churchill Museum erfährst du alles über Winston Churchill.

King Charles Street, SW1A, www.iwm.org.uk/visits/churchill-war-rooms, tgl. 9.30–18.00 Uhr, Eintritt 29 £, U-Bahn Westminster/St. James's Park

⑦ Die wunderschöne gotische **Westminster Abbey**, in der Prinz William und Kate Middleton heirateten, ist fast ein überdachter Friedhof. Hier liegen bedeutende Könige und Königinnen, Dichter und Wissenschaftler, Musiker und Soldaten der letzten 1000 Jahre begraben. Auch Stephen Hawking ist hier beigesetzt.

Feel the history!

ER
3

21

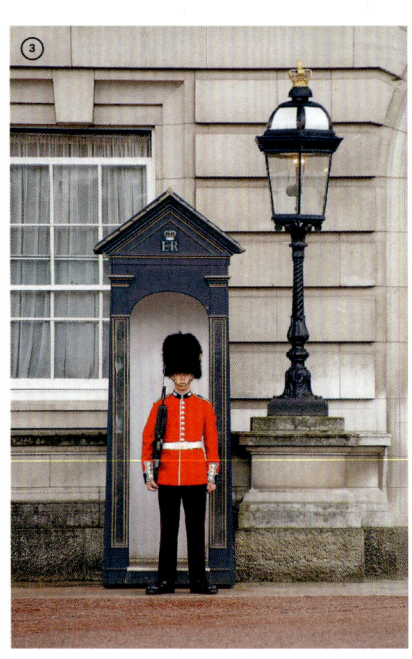

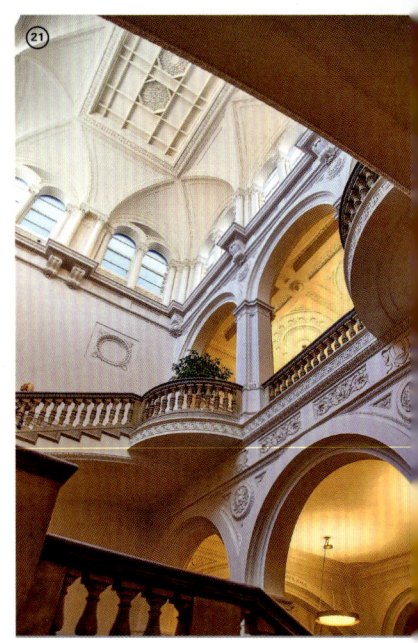

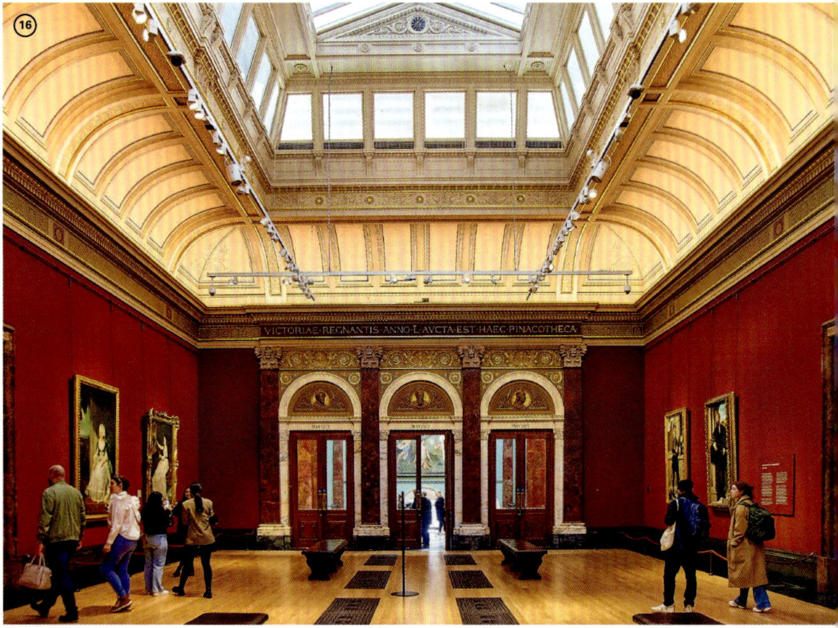
VICTORIAE·REGNANTIS·ANNO·L·AVCTA·EST·HAEC·PINACOTHECA
16

Du kannst jeden Tag einen Gottesdienst besuchen. Schau auf der Website nach, ob es während deines Aufenthalts einen *Wednesday Late* gibt, dann kannst du zwischen 16.30 und 19.00 Uhr zum halben Preis hinein.

20 Deans Yard, SW1, www.westminster-abbey.org, tgl. geöffnet, siehe Website für weitere Informationen, Eintritt 25 £, U-Bahn Westminster/St. James's Park

⑨ Der Palace of Westminster ist besser bekannt als die **Houses of Parliament**. Ihr berühmtestes Merkmal ist die kürzlich renovierte Turmuhr von Big Ben. Sie wurde im späten 11. Jahrhundert erbaut, aber aufgrund eines Brands im Jahr 1834 stammt der größte Teil aus der Zeit um 1840. Im Inneren des Gebäudes geht die britische Regierung ihrer Arbeit nach. Du kannst an einer Führung teilnehmen, für die du dich vorher anmelden musst. Oder du besuchst eine Debatte.

Parliament Square, SW1, www.parliament.uk, siehe Website für Zeiten, Führung 29 £, U-Bahn Westminster

⑪ Der **Jewel Tower** ist ein Überbleibsel des ursprünglichen mittelalterlichen Palasts, der heute die Houses of Parliament bildet. Er wurde seinerzeit zur Aufbewahrung der Kronjuwelen gebaut. Heute ist hier eine umfangreiche Ausstellung über die Geschichte des Parlaments zu sehen.

Abingdon Street, SW1P, www.english-heritage.org.uk/visit/places/jewel-tower, siehe Website für Zeiten, Eintritt 5,90 £, U-Bahn Westminster

⑭ **Horse Guards** ist der offizielle Eingang zu den königlichen Palästen. Wachen, zu Pferd und im Stehen, achten auf nichts Bestimmtes. Sie ignorieren meist stoisch die vielen Touristen. Natürlich findet auch eine aufwendig inszenierte Wachablösung statt.

Whitehall, SW1A, changing-guard.com/queens-life-guard.html, Wachablösung Mo–Sa 11.00, So 10.00 Uhr, Eintritt frei, U-Bahn Westminster/St. James's Park/Embankment

⑯ Für die **National Gallery** solltest du dir besser einige Tage Zeit nehmen oder deine Auswahl einschränken. Hier ist die nationale Sammlung westeuropäischer Kunst vom 13. bis zum frühen 20. Jahrhundert untergebracht, darunter Werke von Van Gogh, Monet, Seurat, Constable und Turner.

Trafalgar Square, WC2N, www.nationalgallery.org.uk, Mo–Do & Sa–So 10.00–18.00, Fr 10.00–21.00 Uhr, Eintritt frei, U-Bahn Charing Cross/Leicester Square

⑲ **Piccadilly Circus** ist neben dem Trafalgar Square und dem Leicester Square einer der berühmtesten Plätze Londons. Vor allem bekannt für seine beeindruckenden Werbetafeln, den dichten Verkehr und den Brunnen des griechischen Gotts Anteros. Piccadilly Circus wurde 1819 angelegt und ist nach dem Schneider Robert Baker benannt, der im 17. Jahrhundert durch die Herstellung von Kleidern mit speziellen Bordüren, den sogenannten *Piccadills*, zu Reichtum kam.
Piccadilly Circus, W1J, U-Bahn Piccadilly Circus

㉑ Die **Royal Academy** war die erste offizielle Kunstakademie und ist vor allem für ihre Wechselausstellungen bekannt. Insbesondere die Summer Exhibition mit Kunstwerken von bekannten und unbekannten Künstlern ist sehr beliebt.
Burlington House, Piccadilly, W1J, www.royalacademy.org.uk, Di–So 10.00–18.00 Uhr, Eintritt ab 10 £, U-Bahn Green Park/Piccadilly Circus

ESSEN & TRINKEN

⑤ Das **St. James's Cafe** ist ein wunderschönes Gebäude aus Glas und Holz inmitten des St. James's Park. Hier sitzt man mitten im Grünen mit Blick auf den See. Es ist eine tolle Frühstücks- und Mittagsadresse, aber auch schön für einen Aperitif am späten Nachmittag.
St. James's Park, SW1A, Tel. +44 208391149, www.benugo.com/partnerships/ public-spaces/parks/st-jamess, tgl. 8.00–17.00 Uhr, Frühstück 7,50 £, U-Bahn St. James's Park/Green Park/Charing Cross

⑧ In einem der alten Keller der Westminster Abbey befindet sich das **Cellarium Cafe & Terrace**. Ein stimmungsvolles Café, in dem man gut frühstücken und zu Mittag essen kann. Oder du bestellst einen *Afternoon Tea* mit süßen und herzhaften *Scones* und köstlichen Törtchen. Auch die Terrasse ist schön zum Sitzen.
20 Dean's Yard, SW1P, Tel. +44 2072220516, www.cellariumcafe.com, Mo–Fr 8.00–16.00, Sa 9.00–16.00 Uhr, Sandwich 9.50 £, Afternoon Tea 19 £, U-Bahn Westminster/St. James's Park

⑰ Das schicke Haymarket Hotel eignet sich nicht nur zum Schlafen, sondern lädt auch zum Essen und Trinken in die dazugehörige Brasserie. **Brumus** zeichnet

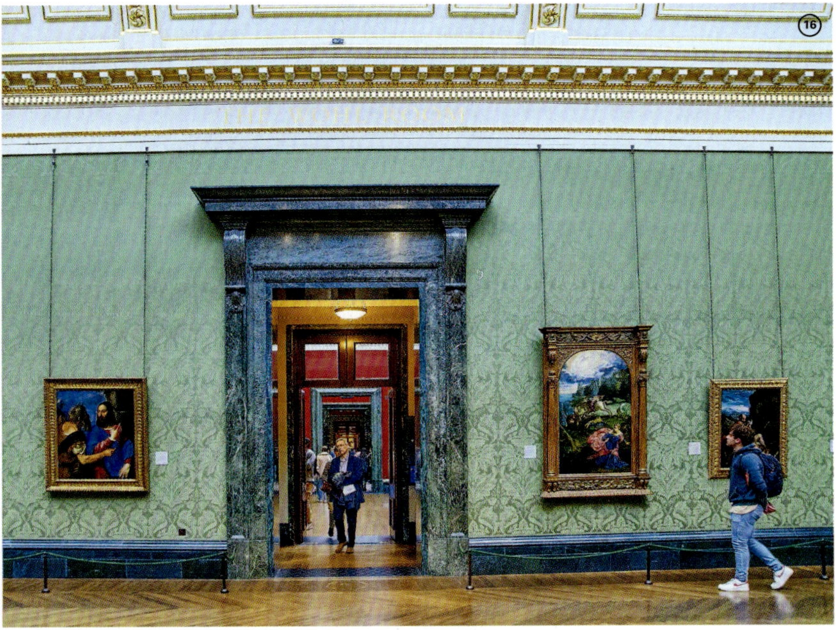
16
THE WOHL ROOM

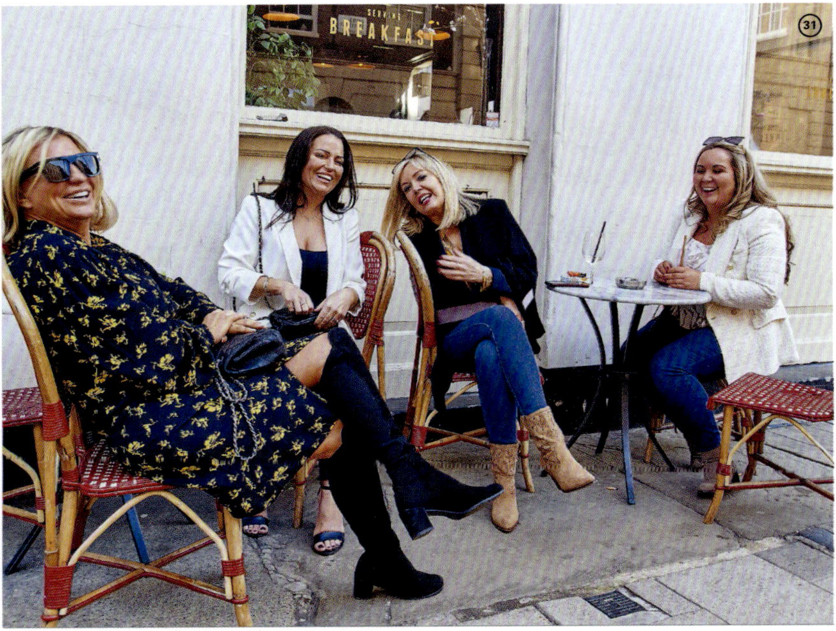
31
SERVING
BREAKFAST

sich durch den gleichen klassischen, farbenfrohen Stil aus, der auch den Rest des Hotels prägt. Eine gute Adresse für einen ausgezeichneten Nachmittagstee.
1 Suffolk Place, SW1Y, Tel. +44 2074704007, www.firmdale.com, Mo–Sa 7.00–11.00 & 12.00–22.30, So 7.00–11.00 & 12.00–22.00 Uhr, Afternoon Tea ab 35 £, U-Bahn Leicester Square/Piccadilly Circus

㉒ Das Frühstück hat in London mittlerweile Kultstatus. Das ist vor allem der denkwürdigen Frühstückskarte von **The Wolseley** zu verdanken. Sie bietet ein Kaviar-Omelett oder auch nur eine halbe rosa Grapefruit. Oder du bestellst ganz einfach ein *Scrambled Egg*. The Wolseley befindet sich in einem ehemaligen Bentley-Showroom und ist zu jeder Tageszeit eine passende und äußerst stilvolle Adresse.
160 Piccadilly, W1J, Tel. +44 2074996996, www.thewolseley.com, Mo–Fr 7.00–23.00, Sa 8.00–23.00, So 8.00–22.00 Uhr, Frühstück 10 £, U-Bahn Green Park

㉖ Mourad Mazouz hat mit **Sketch** das Londoner Nachtleben in den siebten Himmel befördert. Der Nachmittagstee im The Parlour wird in flippiger Keramik serviert, begleitet von kleinen essbaren Edelsteinen. The Gallery ist ein hipper, ganz in Weiß gehaltener Saal, in dem man moderne Gerichte genießen kann. Daneben gibt es das noch luxuriösere Lecture Room & Library, das mit zwei Michelin-Sternen ausgezeichnet ist. In der East Bar kannst du einen Drink nehmen. In jedem Fall ist ein unvergesslicher Abend garantiert.
9 Conduit Street, W1S, Tel. +44 2076594500, www.sketch.london, Mo–Mi & So 9.00–24.00, Do–Sa 9.00–2.00 Uhr, The Parlour 20 £, U-Bahn Oxford Circus

㉛ Das **Running Horse** gibt es seit 1738 und es ist damit einer der ältesten Pubs in London. Der Gastropub ist ideal, um gegen Abend oder nach einer ausgedehnten *Shopping Spree* zwischen den Locals in Mayfair eine Pause einzulegen. Eine gemütliche Einrichtung mit Kamin, freundlicher Bedienung und einer Speisekarte voller britischer Klassiker.
50 Davies Street, W1K, Tel. +44 2074931275, www.therunninghorsemayfair.co.uk, Di–Sa 12.00–24.00 Uhr, Bier 5,50 £, U-Bahn Bond Street

㉜ Ein Pianist und ein Geiger, Kellner im Frack, klingendes Silber, feinstes Porzellan, dreißig Teesorten, Sandwiches wie Kunstwerke, wunderschöne Torten:

Für einen schicken Nachmittagstee gibt es nach Meinung vieler keinen besseren Ort als das Art-Déco-Hotel **Claridge's**. Eine Reservierung ist erforderlich, und Krawatte und Jackett sind empfehlenswert.

Brook Street, W1, Tel. +44 2076298860, www.claridges.co.uk, Afternoon Tea tgl. 14.45–17.30 Uhr, Afternoon Tea ab 75 £, U-Bahn Bond Street

㉝ Wer auf der Suche nach einem stimmungsvollen indischen Restaurant ist: **BiBi** schafft es auf die Liste. Moderne Gerichte der indischen Küche, zubereitet mit den besten britischen und indischen Zutaten. Bestell einzelne Gerichte oder wähl das Menü von Chefkoch Chet Sharma, der Lieblingsgerichte aus seiner Kindheit zubereitet. Suchst du ein vegetarisches Restaurant? Dann bist du hier genau richtig.

42 North Audley Street, W1K, Tel. +44 2037807310, www.bibirestaurants.com, Mo–Di 17.30–22.00, Mi–Do 12.00–14.30 & 17.30–22.00, Fr–Sa 12.00–22.00 Uhr, Preis 20 £, U-Bahn Bond Street

㉞ Eine ehemalige Kirche beherbergt heute **Mercato Mayfair**; eine große überdachte Halle über mehrere Etagen, auf denen du Streetfood aus aller Welt probieren kannst. Allein die beeindruckende Lage ist einen Besuch wert. Neben Streetfood-Ständen findest du Bars und Plätze, um den ganzen Abend gesellig zu essen und zu trinken.

St Mark's, North Audley Street, W1K, Tel. +44 2074030930, www.mercatometro politano.com, Mo–Do 12.00–23.00, Fr–Sa 12.00–24.00, So 12.00–22.00 Uhr, U-Bahn Bond Street

SHOPPEN

⑱ Modedesignerin Rei Kawakubo von Comme des Garçons hat mit dem **Dover Street Market** ein neues Einkaufskonzept entwickelt. Es handelt sich nicht um einen Markt, sondern um ein außergewöhnliches Mini-Kaufhaus. Dies ist Londons beste und innovativste Modedestination. Im Obergeschoss befindet sich Rose Bakery, die einen köstlichen Karottenkuchen bietet.

18–22 Haymarket, SW1Y (Eingang Orange Street), www.doverstreetmarket.com, Mo–Sa 11.00–19.00, So 12.00–18.00 Uhr, U-Bahn Green Park

20

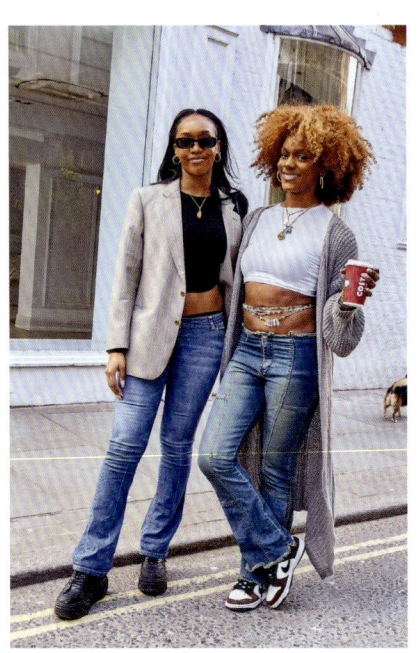

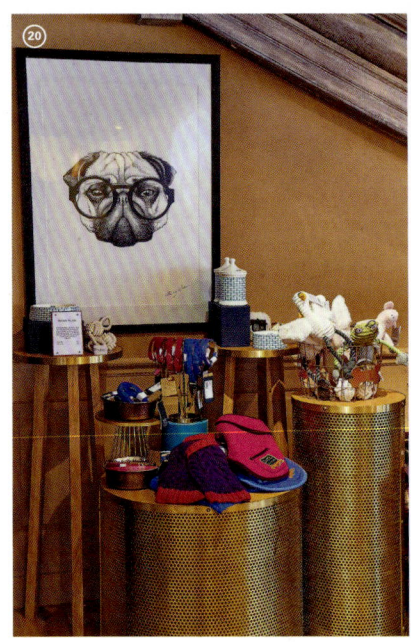

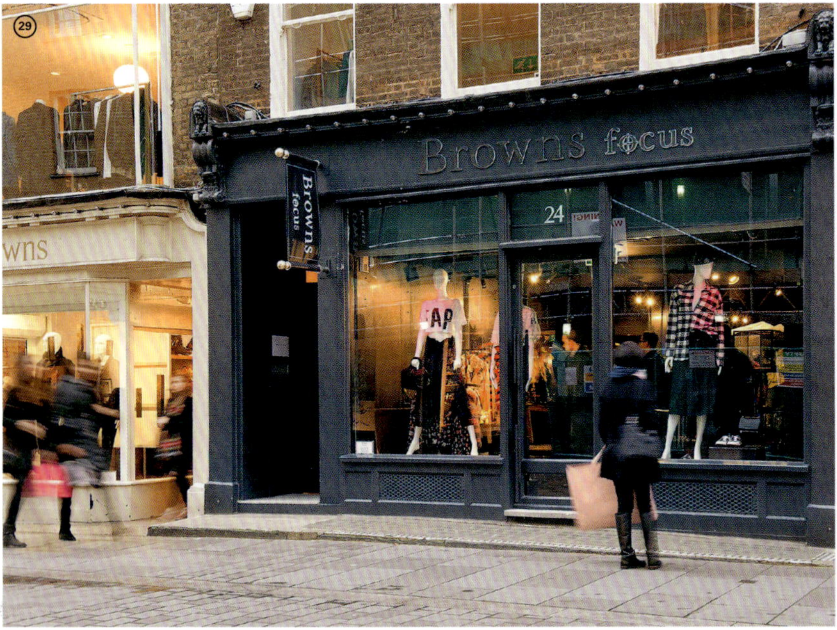
29
Browns focus
Browns focus
24
wns

⑳ Das Kaufhaus **Fortnum & Mason** gewährt Einblick in das alte England. Hier werden genug Leckereien angeboten, um ganze Koffer zu füllen. Es gibt mehrere Restaurants, darunter The Diamond Jubilee Tea Salon, der einen köstlichen *Afternoon Tea* serviert. Und vergiss nicht, dir die prächtigen Schaufenster anzuschauen, die vor allem in der Weihnachtszeit fantastisch dekoriert sind.
181 Piccadilly, W1A, www.fortnumandmason.com, Mo–Sa 10.00–19.00, So 12.00–18.00 Uhr, U-Bahn Green Park/Piccadilly Circus

㉓ **Burlington Arcade** ist eine alte, luxuriöse Einkaufspassage. Schön sind auf jeden Fall die Vintage Watch Company für Uhren und Ladurée für köstliche Macarons. Wirf beim Einkaufen auch einen Blick nach oben; die Fassaden sind wunderschön. Aber nimm dich vor den vornehmen Sicherheitskräften in Acht, denn hier darf man nicht rennen, pfeifen oder Kaugummi kauen! Genau dieses Personal macht den Charme der Burlington Arcade aus. Die Durchsetzung der Regeln auf ihre Art ist eine seit 1819 gepflegte Tradition.
51 Piccadilly, W1J, www.burlingtonarcade.com, Mo–Sa 8.00–19.00, So 11.00–18.00 Uhr, U-Bahn Green Park/Piccadilly Circus

㉔ Die Old und New **Bond Street** sind die Einkaufsstraßen für „Label-Junkies". Burberry, Mulberry, Chanel, Louis Vuitton, Gucci, Prada: Sie alle haben hier prachtvolle Ladenlokale. Im Schlussverkauf im Juli und Januar sind die Preise mehr als halbiert. Schließlich ist das alles schon *so last season*.
Old and New Bond Street, W1, www.bondstreetassociation.com, Mo–Sa 10.00–19.00, So 12.00–18.00 Uhr, U-Bahn Bond Street/Oxford Circus

㉕ Sowohl Jermyn Street als auch **Savile Row** sind bekannte Straßen für Maßanzüge. Letztere ist weniger altmodisch, aber darum nicht weniger teuer. Diejenigen, die die gleiche Qualität wünschen, aber ein etwas kleineres Budget haben, finden bei Cad & The Dandy, was sie suchen.
Savile Row, W1, Mo–Sa 10.00–18.00 Uhr, U-Bahn Oxford Circus/Piccadilly Circus

㉗ Die **Regent Street** ist eine der schönsten Einkaufsstraßen Londons, wo neben bekannten Modeketten wie & Other Stories, Levi's und Zara Home insbesondere Hamleys, Burberry und Mulberry eine gesonderte Erwähnung verdienen. Hamleys ist ein gigantischer Spielwarenladen, Burberry ein engli-

scher Klassiker und Mulberry die Adresse für die perfekte Handtasche.
Neben der Oxford Street ist die Regent Street eine der wichtigsten Einkaufsstraßen in London, die du auf deiner Städtetour nicht verpassen solltest!
Regent Street, W1, www.regentstreetonline.com, tgl. geöffnet, U-Bahn Oxford
Circus/Piccadilly Circus

㉘ **Liberty** ist das Lieblingskaufhaus vieler Londoner. Die Atmosphäre und das
Gebäude im Tudorstil, das 1924 mit dem Holz von zwei Kriegsschiffen erbaut wurde, sind beeindruckend. Hier findest du alles unter einem Dach: Kleidung, Accessoires, Kosmetik, Möbel, Schreibwaren und natürlich die berühmten Liberty-Stoffe.
Regent Street, W1B, www.liberty.co.uk, Mo–Sa 10.00–20.00, So 12.00–18.00 Uhr,
U-Bahn Oxford Circus

㉙ Versteckt hinter der geschäftigen Oxford Street liegt die **South Molton
Street**. Eine lebendige Einkaufsstraße mit einer guten Mischung aus Schmuck-,
Schuh- und Modeboutiquen. Britische und europäische Modemarken wie Maje,
Whistles, the Kooples, Monica Vinader und Sandro sind hier vertreten.
South Molton Street, W1S, tgl. geöffnet, U-Bahn Bond Street

㉚ Liebhaber von Antiquitäten, Keramik, Silber, Schmuck und Juwelen können
sich stundenlang durch das Hallenlabyrinth des **Grays Antique Market** treiben
lassen. Über fünfzig Händler bieten ihre Waren an, von Antiquitäten über Vintage bis hin zu Modernem.
58 Davies Street, W1K, www.graysantiques.com, Mo–Fr 10.00–18.00 Uhr, U-Bahn
Bond Street

FREIZEITTIPPS

④ Einer der am schönsten angelegten Parks Londons ist der **St. James's Park**.
Du kannst Liegestühle mieten, faulenzen und die fantastische Aussicht auf den
Buckingham Palace genießen. Bring Nüsse zum Füttern der Eichhörnchen mit
und bestaune die umherschwimmenden Pelikane.
St. James's Park, SW1A, www.royalparks.org.uk, tgl. 5.00–24.00 Uhr, Eintritt frei,
U-Bahn St. James's Park/Westminster

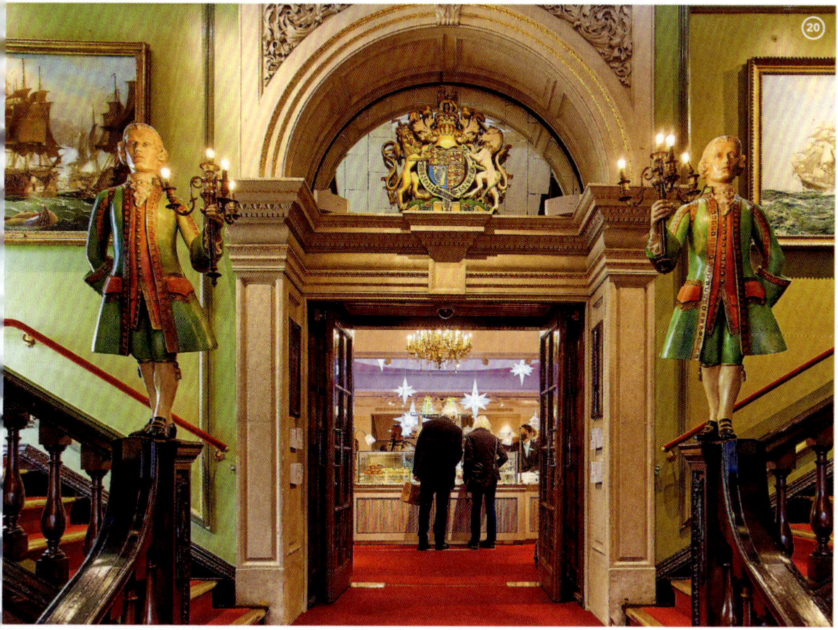
20

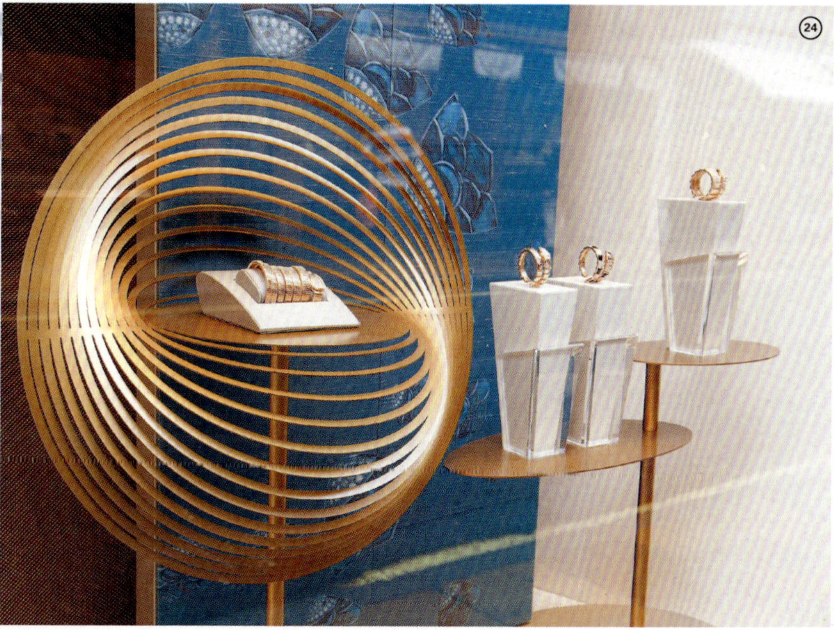
24

Laze in the park

⑩ Erlebe die britische Politik während der Question Time im **House of Commons**. Ein lebhaftes Spektakel, das oft zum politischen Theater wird. Nur Einwohner des Vereinigten Königreichs können Karten im Voraus bestellen; als Tourist muss man abwarten, ob noch Platz ist. Es gibt häufig Warteschlangen für die Fragestunde, bei anderen Debatten kann man zügig durchgehen.
Houses of Parliament, Parliament Square, SW1, www.parliament.uk,
Mo 14.30–22.30, Di 11.30 19.30, Do 9.30–17.30, Fr 9.30–15.00 Uhr, Eintritt frei,
U-Bahn Westminster

⑫ Das **London Eye** ist das größte Riesenrad Europas. Eine Fahrt dauert etwa eine halbe Stunde und man schwebt auf 135 Meter hinauf. Die Aussicht über London – und weit darüber hinaus – ist an einem klaren Tag atemberaubend. Buche besser im Voraus, wenn du nicht stundenlang anstehen willst. Außerdem ist es dann billiger.
South Bank, SE1, www.londoneye.com, tgl. geöffnet, Eintritt ab 27 £,
U-Bahn Westminster/Waterloo

⑬ An Londons berühmtester Adresse, **10 Downing Street**, lebt und arbeitet seit 1732 der Premierminister. Viele berühmte Füße sind hier über die Schwelle getreten. Leider kannst du nur durch den Zaun einen Blick auf die berühmte Haustür erhaschen. Die Website bietet jedoch einen virtuellen Rundgang.
10 Downing Street, SW1A, www.number10.gov.uk, U-Bahn Westminster/
St. James's Park

⑮ Der **Trafalgar Square** ist der zentrale Platz Londons. Hier finden Protestaktionen statt, es werden Neujahr, Eid-al-Fitr, Diwali, Lunar New Year und vieles mehr gefeiert. Täglich suchen die Menschen Abkühlung im Springbrunnen und halten sich hier auf. Fast jedes Wochenende gibt es eine Veranstaltung oder einen Protest.
Trafalgar Square, SW1, www.london.gov.uk/trafalgarsquare, U-Bahn Charing Cross

ROUTE 2

SOUTHWARK

INFOS ZUR ROUTE

Diese abwechslungsreiche Route führt vorbei an historischen Sehenswürdigkeiten wie Tower Bridge, Tower of London und St. Paul's Cathedral. Der Schwerpunkt liegt auf Geschichte und Kultur. Du kommst vorbei an schönen Museen wie der Tate Modern. In Clerkenwell kannst du in einem der vielen Restaurants, Gastropubs und gemütlichen Cafés gut essen.

DAS VIERTEL

Südlich der Themse liegt **Southwark**. Diese Seite von London sah im Vergleich zum nördlichen Ufer schon immer ein wenig unattraktiv aus. Das schicke London weicht hier einer rauen und industriellen Atmosphäre mit Lagerhäusern und alten Eisenbahnbrücken. Je weiter man nach Süden kommt, desto schäbiger wird das Straßenbild. Das ändert jedoch nichts daran, dass es in Southwark viele beeindruckende Sehenswürdigkeiten gibt wie **Tower of London** und **Tower Bridge**, **Tate Modern** und **Southwark Cathedral**. In dieser Gegend wurden im 16. Jahrhundert die ersten Theater Londons gebaut, wie **The Globe**, in dem Shakespeares erste Stücke aufgeführt wurden. Das wiederaufgebaute Theater ist immer noch eine Attraktion. Der alte **Borough Market**, ebenfalls auf der Südseite der Themse, ist ein Muss für alle Feinschmecker.

Direkt auf der anderen Seite des Wassers steht ein weiteres Wahrzeichen Londons: **St. Paul's Cathedral**. Umgeben ist sie von **The City**, Londons Finanzzentrum, auch bekannt als The Square Mile. Hier schlägt das kommerzielle Herz der Stadt mit zahlreichen Banken und Büros.

Weiter nördlich liegt **Clerkenwell**, ein historisches Viertel im Stadtzentrum. Im 12. Jahrhundert gab es hier zahlreiche Klöster, aber während der Industriellen Revolution wurde viel gebaut und Fabrikgebäude und Lagerhallen veränderten das Gesicht des Viertels. In Clerkenwell wohnten vor allem Arbeiter und Ein-

BESCHREIBUNG ROUTE 2 (ca. 12,9 km)

Von der U-Bahn-Station Tower Hill kannst du direkt zum Tower of London ❶ laufen. Gehe an der Uferpromenade entlang, vorbei am Tower, und den Weg zum kleinen Hafen ❷. Spaziere zurück und laufe die Treppe zur Tower Bridge ❸ hinauf. Biege auf der gegenüberliegenden Straßenseite zum Rathaus ❹ und links zur Butler's Wharf ❺ ab. Von da aus geht es rechts durch die Maguire Street, links in die Gainsford Street und aus Shad Thames heraus zur Tanner Street. Gehe unter der Brücke hindurch und links zu einem stimmungsvollen Lebensmittelmarkt ❻. Kehre zurück zur Tanner Street und biege links ab. Folge der Straße und biege rechts ab in die Bermondsey Street zu einem Gastropub und dem Modemuseum ❼ ❽. Gehe durch die Straße und biege links in die St. Thomas Street ein, um Londons höchsten Wolkenkratzer ❾ zu sehen. Am Ende der St. Thomas Street kommst du zur Borough High Street und zum Borough Market ❿. Auf und um den Markt kannst du ausgiebig essen, Kaffee trinken und einkaufen ⓫ ⓭ ⓮ ⓯ ⓰ ⓱. Über Cathedral Street und Montague Close gelangst du zur Kathedrale ⓬. Laufe weiter über Stoney Street und Clink Street bis zur Themse und am Fluss entlang bis zum Shakespeare's Globe Theatre und der Tate Modern ⓲ ⓳. Überquere die Themse auf der Millennium Bridge ⓴ und laufe über Queen Victoria Street und Godliman Street zur St. Paul's Cathedral ㉑. Gehe um die Kathedrale herum und biege links in die Canon Aly und Queens Head Passage ein und überquere die King Edward Street, wo du weiter geradeaus läufst. Gehe dann links durch Little Britain. Du kannst rechts die Kirche St. Bartholomew the Great ㉒ besuchen. Von West Smithfield rechts in die Long Lane. Von hier aus die Beech Street hinunter. Rechts in der Silk Street befindet sich das Barbican Centre ㉓. Gehe zurück und biege rechts in die Grand Avenue Richtung Fleischmarkt ㉔ ab. Laufe durch die Markthallen. Biege links ab zu einer schönen Dachterrasse ㉕. Gehe zurück zur Kreuzung und biege links in die St. John Street zu einem Restaurant mit umfangreicher Weinkarte ㉖ ab. Dann links auf die Clerkenwell Road und dann zweimal rechts nach Clerkenwell Green, um zu einem besonderen Restaurant ㉗ zu gelangen. Laufe die Clerkenwell Road hinunter und biege links in die Leather Lane zu einem asiatischen Imbiss ㉘ ab oder gehe weiter zur Buchhandlung ㉙. Gehe zurück und biege links in die Farringdon Road ein. Gehe weiter, bis du rechts über die Rosebury Avenue zum Exmouth Market kommst. Hier gibt es Möglichkeiten, um etwas zu trinken, zu essen oder einzukaufen ㉚ ㉛ ㉜ ㉝ ㉞ ㉟.

SEHENSWÜRDIGKEITEN

① Wilhelm der Eroberer befahl 1066 den Bau des **Tower of London**, eine der letzten mittelalterlichen Burgen der Welt und Schauplatz von Morden, Hinrichtungen, Verschwörungen und Verrat. Entdecke die Geschichte und bewundere die umfangreiche Sammlung der Kronjuwelen. Nimm an einer kostenlosen Führung durch einen der Beefeaters teil. Sie alle sind fesselnde Geschichtenerzähler mit anregenden Anekdoten aus der blutigen Geschichte des Tower. Und in den Schulferien kannst du in einen „Kampf" zwischen Rittern geraten; als wärst du direkt in einem Monty-Python-Sketch gelandet.

Tower Hill, EC3, www.hrp.org.uk/toweroflondon, Mo & So 10.00–17.30, Di–Sa 10.00–17.30 Uhr, Eintritt 29,90 £, U-Bahn Tower Hill

③ Als die **Tower Bridge** 1894 eröffnet wurde, war ihr Design mit dem Stahlrahmen revolutionär. Heute ist sie neben Big Ben das Bauwerk, das die Fantasie am meisten anregt, und vermutlich die berühmteste Brücke der Welt. Im Inneren der Brücke kannst du dir die Tower Bridge Exhibition anschauen. Der Hebemechanismus ist hier zu sehen und du kannst oben entlanglaufen. Seit 2014 sind die Böden aus Glas, sodass man 42 Meter in die Tiefe sehen kann.

Tower Hill, EC3, www.towerbridge.org.uk, Mo–So 9.30–18.00 Uhr, Eintritt 10,60 £, U-Bahn Tower Hill

④ Der Bürgermeister von London erhielt 2002 ein brandneues Rathaus: die **City Hall**. Es ist eine beeindruckende Glaskonstruktion, die die Londoner wegen der Eiform des Gebäudes scherzhaft *The Leaning Tower of Pizzas* nennen. Davor befindet sich **The Scoop**, ein Freiluft-Amphitheater mit kostenlosen Musik- und Theateraufführungen im Sommer.

The Queen's Walk, SE1, www.london.gov.uk/city-hall, U-Bahn London Bridge

⑧ Das farbenfrohe Gebäude, in dem das **Fashion and Textile Museum** untergebracht ist, kann man kaum übersehen. Gegründet wurde es von der englischen Designerin Zandra Rhodes und du kannst hier Ausstellungen über Mode, Textilien und Schmuck anschauen.

83 Bermondsey Street, SE1, www.ftmlondon.org, Di–Sa 11.00–18.00 Uhr, Eintritt 11,50 £, U-Bahn London Bridge

✻ modern architecture

⑨ Für einen spektakulären Blick über London ist ein Besuch im **The Shard** dringend zu empfehlen. Die Meinungen darüber, ob das höchste Gebäude Londons wirklich ästhetisch ist, sind sehr unterschiedlich. Aber wenn es um die fantastische Aussicht geht, sind sich alle einig. Ein superschneller Aufzug bringt dich in den 69. Stock, von dem aus du die berühmten Wahrzeichen Londons aus 244 Meter Höhe betrachten kannst. Neben dem exklusiven Shangri-La Hotel gibt es im The Shard auch einige gute Restaurants. Im Gebäude finden alle Arten von Veranstaltungen und Partys statt; die Website informiert über anstehende Veranstaltungen.

32 London Bridge Street, SE1, www.theviewfromtheshard.com, siehe Website für Zeiten, Eintritt 30,95 £, U-Bahn London Bridge

⑫ Die **Southwark Cathedral** wurde im 13. Jahrhundert erbaut, und es grenzt fast an ein kleines Wunder, dass die älteste Kathedrale Englands noch immer dort steht, direkt neben einer stark befahrenen Brücke und Bahnlinie. Mehrmals pro Woche kann man die schönen Chöre hören und täglich finden Gottesdienste statt. Der dazugehörige Kirchhof ist ein schöner Platz zum Verweilen.

London Bridge, SE1, cathedral.southwark.anglican.org, Mo–Sa 9.00–18.00, So 8.00–17 Uhr, Eintritt frei, Führung ab 6 £, U-Bahn London Bridge

⑲ Nach intensiver Renovierung wurde die **Tate Modern** 2016 um einen neuen Flügel ergänzt. Dadurch wurde das bestbesuchte Museum für moderne Kunst um 60 Prozent größer. Ein beeindruckendes Gebäude namens Switch House wurde hinzugefügt, in dem, wie auch im Rest dieses ehemaligen Kraftwerks, Werke bekannter Künstler des 20. Jahrhunderts ausgestellt werden. Es gibt mehrere Restaurants und Museumsläden, in denen du schöne Designbücher und andere Geschenke findest. Vergiss nicht, die oberste Etage zu besuchen, von der aus du einen spektakulären Rundumblick über London genießen kannst.

Bankside, SE1, www.tate.org.uk, tgl. 10.00–18.00 Uhr, Eintritt frei, aber Eintrittskarten für Sonderausstellungen, U-Bahn Southwark/St. Paul's/Mansion House

⑳ Die erste Fußgängerbrücke über die Themse, die **Millennium Bridge**, wurde nur drei Tage nach ihrer Eröffnung im Jahr 2000 geschlossen, weil sie zu stark schwankte, wenn zu viele Menschen darüberliefen. Dies brachte ihr den Spitz-

namen *The Wobbly Bridge* ein. Das Problem wurde behoben und die Brücke bietet nun einen perfekten Übergang von der Tate Modern zur St. Paul's Cathedral (oder umgekehrt).
U-Bahn Southwark/St. Paul's

㉑ Die **St. Paul's Cathedral** mit ihrer riesigen Kuppel ist ein beeindruckender Anblick in der City. Die Kathedrale, in der die Trauung von Charles und Diana stattfand, wurde vom britischen Wissenschaftler und Architekten Christopher Wren entworfen und im späten 17. Jahrhundert gebaut. Erklimme die 521 Stufen und es bietet sich dir eine großartige Aussicht über London. Es werden kostenlose und kostenpflichtige Führungen angeboten; siehe Webseite für weitere Informationen.
St. Paul's Churchyard, EC4M, www.stpauls.co.uk, Mo–Mi & Do–Sa 8.30–16.30, Mi 10.00–16.30 Uhr, Eintritt 21 £, U-Bahn St. Paul's

㉒ **St. Bartholomew the Great** ist eine wunderschöne Kirche aus dem 12. Jahrhundert. In dieser stimmungsvollen kleinen Kirche wurden Szenen für Filme gedreht, darunter *Vier Hochzeiten und ein Todesfall* und *Die Schwester der Königin*. Beachte auch das schöne Tudor-Gatehouse, durch das du eintrittst.
West Smithfield, EC1A, www.greatstbarts.com, siehe Website für Zeiten, Eintritt frei, Tour ab 7,50 £, U-Bahn Barbican

㉓ Das **Barbican Centre** ist das größte multidisziplinäre Kunstzentrum Europas. Mehrere Kunstsparten sind hier unter einem Dach vereint: von Kunst, Musik und Tanz bis hin zu Theater und Film. Für eine Pause bietet sich die Barbican Kitchen an oder du isst vor oder nach einer Aufführung noch etwas im Bonfire oder in der Osteria.
Silk Street, EC2Y, www.barbican.org.uk, Do–Sa 10.00–20.00, So–Mi 10.00–18.00 Uhr, U-Bahn Barbican

③

①

✳ Don't miss this!

ESSEN & TRINKEN

⑥ Für kulinarische Inspiration und Geselligkeit solltest du den **Maltby Street Market** besuchen, der aus zwei Teilen besteht: Ropewalk (Straßenstände) und Spa Terminus (Restaurants unter der Eisenbahn). Stöbere an den Ständen und in den Läden, probiere hausgemachte Köstlichkeiten und lass dich von der Atmosphäre verzaubern.

Maltby Street, SE1, www.maltby.st, Markt Sa 10.00–17.00, So 11.00–16.00, Restaurants Mi–So 10.00–22.00 Uhr, U-Bahn London Bridge

⑦ Für einen *Boozy Brunch* gehen die Locals gern ins **The Garrison**. In diesem geselligen Gastropub werden hauptsächlich britische Klassiker serviert: vom typischen englischen Frühstück bis zum traditionellen *Sunday Roast*. Wer lieber etwas anderes essen möchte, bestellt Couscous, Avocado-Toast oder gegrillten Fisch, entweder mit oder ohne einen köstlichen Gin Tonic.

99–101 Bermondsey Street, SE1, Tel. +44 2070899355, www.thegarrison.co.uk, Mo–Do 12.00–23.00, Fr 12.00–24.00, Sa 10.00–24.00, So 10.00–22.00 Uhr, Full English Breakfast 16 £, U-Bahn London Bridge

⑪ Die erste **Bread Ahead**-Bäckerei eröffnete 2013 im Borough Market. Inzwischen gibt es mehrere Filialen in der Stadt, aber dieser Laden bleibt der Favorit. Dort ist nicht nur das Brot köstlich, sondern auch die Kuchen, Zimtschnecken und Donuts sind zum Reinbeißen gut. Für Enthusiasten, die die Feinheiten des Brotbackens erlernen möchten, werden Workshops angeboten.

Borough Market, Cathedral Street, SE1, Tel. +44 2074035444, breadahead.com, Mo–Sa 9.00–17.00, So 10.00–17.00 Uhr, Preis 5 £, U-Bahn London Bridge

⑬ Eine typisch britische Tradition ist der *Sunday Roast*: Fleisch, Kartoffeln und Gemüse aus dem Backofen. **Roast** liegt oberhalb des Marktgebäudes und ist der perfekte Ort, um diesen *Sunday Roast* zu genießen. Alle Gerichte, auch die moderneren Varianten, werden ausnahmslos mit lokalen Zutaten zubereitet. Zudem eine gute Adresse für den *Afternoon Tea*.

The Floral Hall, Stoney Street, SE1, Tel. +44 2033713120, roast-restaurant.com, Mo–Sa 11.45–22.00, So 11.45–18.30 Uhr, Preis 23 £, U-Bahn London Bridge

(14) Die Kaffeebohnen von Monmouth sind ein Begriff. **Monmouth Coffee** ist wie ein Wohnzimmer, aber mit Blick auf die Marktbesucher und die Behälter mit Kaffeebohnen. Du kannst dort auch leckere Croissants, Baguettes und Kuchen essen.
2 Park Street, SE1, Tel. +44 2072323010, www.monmouthcoffee.co.uk,
Di–Sa 8.00–16.30 Uhr, Preis Kaffee 2,50 £, U-Bahn London Bridge

(16) Für Fisch und Meeresfrüchte solltest du den urigen **Wright Brothers Borough Market** besuchen. Mach es wie die Locals und bestell eine Portion Austern mit einem Pint Guinness: göttlich!
11 Stoney Street, SE1, Tel. +44 2074039554, thewrightbrothers.co.uk/restaurant/
borough-market, Mo–Sa 12.00–22.00, So 12.00–17.00 Uhr, Austern ab 9,25 £,
U-Bahn London Bridge

(17) Etwas versteckt im Borough Market liegt **Arabica Bar & Kitchen**. In diesem Restaurant dreht sich alles um die Küche des Nahen Ostens und du kannst zwischen köstlichen Mezze wie Taboulé, Lahmacun, Auberginen-Kibbeh und Falafel wählen. Ebenfalls eine gute Adresse für Brunch oder Drinks, aber am besten reservierst du im Voraus.
3 Rochester Walk, SE1, Tel. +44 2030115151, www.arabicabarandkitchen.com,
Mo–Sa 12.00–23.00, So 12.00–22.00 Uhr, Mezze 8 £, U-Bahn London Bridge

(25) In einem ehemaligen Lagerhaus gegenüber dem Smithfield Market liegt **Smiths of Smithfield**. Ein großartiges Café und eine Bar mit Dachterrasse, wo du von morgens bis spät in die Nacht einen Drink, ein opulentes Abendessen oder einen Brunch mit Cocktails serviert bekommst.
67–77 Charterhouse Street, EC1M, Tel. +44 2072517950, smithsofsmithfield.co.uk,
Mo–Fr 8.00–23.00, Sa 10.00–22.00, So 12.00–17.00 Uhr, Preis 25 £, U-Bahn Farringdon

(26) **Vinoteca** ist eine Adresse für Weinliebhaber. Im Restaurant kannst du ein gutes Glas Wein und ein leckeres Essen genießen. Oder du nimmst eine Flasche mit nach Hause. Im Ladenlokal werden etwa 300 Weinsorten verkauft. Das Sortiment ist eine Mischung aus erschwinglichen und teureren Weinen aus allen Teilen der Welt. Die Auswahl ist riesig!
7 Saint John Street, EC1M, Tel. +44 2072538786, www.vinoteca.co.uk, Mo–Sa
12.00–23.00 Uhr, Flasche Wein ab 9 £, U-Bahn Farringdon/Barbican

be-oom.com
be-oom /biː-uːm/
tea shop and garden

The harmony of min
emptying togeth
with time and n

(27) Hip und angesagt, das ist der **Sessions Art Club**. Eine spektakuläre Dekoration, moderne Kunst, Cocktails und eine europäische Speisekarte. Dieses Restaurant liegt etwas versteckt im vierten Stock eines historischen Gebäudes in Clerkenwell. Hinweis: nur für Personen über 18 Jahre.
24 Clerkenwell Green, EC1R, Tel. +44 2037934025, www.sessionsartsclub.com, Mi–Sa 12.00–14.30 & 17.30–22.00 Uhr, Preis 40 £, U-Bahn Farringdon

(28) Liebst du asiatische Küche? Dann gehe ins **Kin**, wo du in einem minimalistischen Restaurant *Asian Street Food* isst. Probiere das Thai-Curry, das indonesische Nasi Goreng oder Singapur-Nudeln. Erschwinglich und super lecker.
88 Leather Lane, EC1N, Tel. +44 07825855955, www.kinstreetfood.com, Mo u. Mi 12.00–15.00 & 17.00–22.00, Di u. Do 12.00–15.00 & 17.00–22.30, Sa 17.00–22.30, So 17.00–22.00 Uhr, Preis 7 £, U-Bahn Farringdon/Chancery Lane

(30) **Caravan** wird für sein Frühstück geliebt, ist aber zu jeder Tageszeit sehr empfehlenswert. Von French Toast über pochierte Eier bis hin zu Salaten, Buddha-Bowls und Wolfsbarsch. Die Bohnen für den Kaffee werden selbst geröstet.
11–13 Exmouth Market, EC1R, Tel. +44 2078338115, www.caravanrestaurants.co.uk/exmouth-market.html, Mo–Di 9.00–22.00, Mi–Do 9.00–23.00, Fr 9.00–24.00, Sa 10.00–24.00, So 10.00–22.00 Uhr, Preis 11,50 £, U-Bahn Farringdon

(32) Die Torten im **Pearl and Groove** sind köstlich und glutenfrei. Einige sind sogar gluten-, milch- und zuckerfrei. Serena eröffnete ihre erste Bäckerei im Jahr 2013 in Notting Hill und wurde von ihren Eltern inspiriert. Ihr Vater (Groover) ist ein ehemaliger Konditor und ihre Mutter (Pearlie) eine Gesundheitsfanatikerin. Ihre neue Bäckerei befindet sich auf dem Exmouth Market. Zur Auswahl stehen Blaubeere, Granatapfel, Banane, Schokolade und Erdnussbutter.
30 Exmouth Market, EC1R, Tel. +44 2036013316, www.pearlandgroove.com, Mo–Di & So 9.00–17.00, Mi–Sa 8.00–19.00 Uhr Uhr, Gebäck 4 £, U-Bahn Farringdon

(33) Der Mix aus spanischer und nordafrikanischer Küche im **Moro** ist spannend und subtil. Alle, die Moro-Kochbücher kennen, werden vorbeikommen, und die, die sie noch nicht kennen, werden nach dem Besuch ein Exemplar kaufen wollen.
34–36 Exmouth Market, EC1R, Tel. +44 2078338336, www.moro.co.uk, Mo–Sa 12.00–14.15 & 17.15–24.00 Uhr, Preis 29 £, U-Bahn Farringdon

SHOPPEN

⑮ Die Käse von **Neal's Yard Dairy** stammen von den britischen Inseln und werden in den besten Restaurants von London verwendet. In diesem Käseladen kannst du ein Stück für zu Hause aussuchen. Die Mitarbeiter werden dir helfen, einen Käse zu finden, der dir schmeckt, und lassen dich gerne probieren.
8 Park Street, Borough Market, SE1, www.nealsyarddairy.co.uk, Mo–Fr 9.00–17.00, Sa 8.00–17.00, So 10.00–16.00 Uhr, U-Bahn London Bridge

㉙ Wer gerne Zeitschriften liest und sich schöne Bilder ansieht, wird im **Magma Bookshop** fündig. Das Angebot an Zeitschriften und Büchern im Bereich Kunst, Design, Architektur, Mode und Musik ist riesig. Sie haben auch tolle Geschenkartikel.
117–119 Clerkenwell Road, EC1R, www.magmabooks.com, Mo–Fr 10.00–19.00, Sa 11.00–19.00 Uhr, U-Bahn Farringdon/Chancery Lane

㉛ Für Teeliebhaber ist **Be-oom** eine Pflichtadresse. Dieser koreanische Teeladen hat eine Bar mit einem überdachten Garten, in dem du Workshops besuchen und viel Tee probieren kannst. Der Laden verkauft ungewöhnliche Teesorten wie *Early Sparrow Green Tea* sowie Matcha-Pulver von guter Qualität.
27 Exmouth Market, EC1R, www.be-oom.com, Di–Mi 11.30–18.00, Do–Fr 11.30–23.00, Sa 10.30–23.00, So 12.00–17.00 Uhr, U-Bahn Farringdon

㉞ Du bist auf der Suche nach coolen Dingen für Heim, Garten, Küche oder Büro? **Space** ist ein kleines Geschäft mit einer schönen Sammlung an Gadgets und Zubehör, darunter Keramik, Spielzeug, Bücher und Karten. Eine perfekte Adresse für alle, die ein originelles Geschenk suchen!
25 Exmouth Market, EC1R, ifounditinspace.co.uk, Mo–Fr 10.00–18.00, So 11.00–17.00 Uhr, U-Bahn Farringdon

㉟ Für handgefertigte Karten, Poster, Notizbücher und andere Drucksachen gehst du zu **Marby & Elm**. Die Besitzerin Eleanor Tattersfield macht alle Produkte selbst mit einer altmodischen Buchdruckmaschine.
53 Exmouth Market, EC1R, www.marbyandelm.com, Mo–Fr 10.00–16.00 oder nach Vereinbarung, U-Bahn Farringdon

FREIZEITTIPPS

② Der Jachthafen **St. Katharine Docks** liegt direkt neben The City. Hier begegnest du Geschäftsleuten in Anzügen, die für ein schnelles Mittagessen kommen. So trubelig es auf der Tower Bridge zugeht, so ruhig ist der kleine Hafen direkt nebenan. Dies muss eines der bestgehüteten Geheimnisse Londons sein.
50 St Katharine's Way, E1W, www.skdocks.co.uk, U-Bahn Tower Hill

⑤ **Butler's Wharf** ist der Sammelname für den Komplex umgebauter Lagerhäuser, Restaurants, Geschäfte und Wohnblocks auf der Südseite der Themse. Es macht Spaß, herumzuschlendern und auf einer Terrasse mit herrlichem Blick auf die Tower Bridge zu sitzen.
Shad Thames, SE1, U-Bahn Tower Hill/London Bridge

⑩ Der **Borough Market** ist einer der größten und ältesten Märkte Londons. Von Montag bis Sonntag treffen sich Händler und Lieferanten aus dem ganzen

Land, um die herrlichsten Dinge anzubieten: Obst und Gemüse, Fisch und Eiscreme, frisch gebackenes Brot, Schokolade, Aufschnitt, Marmelade, Oliven – es gibt zu viel, um alles aufzuzählen. Von Sonntag bis Dienstag sind weniger Stände geöffnet als an den anderen Tagen.

Borough Market, SE1, www.boroughmarket.org.uk, Mo–Fr 10.00–17.00, Sa 8.00–17.00, So 10.00–15.00 Uhr, U-Bahn London Bridge

⑱ Das **Shakespeare's Globe Theatre** ist eine Rekonstruktion des ursprünglichen Theaters, in dem Shakespeare viele seiner berühmten Stücke uraufführte. Von April bis Oktober kannst du dir Aufführungen ansehen. Und zwar genauso wie einst zu Shakespeares Zeit: im Freien stehend oder auf Holzbänken sitzend. Doch auch in der restlichen Zeit des Jahrs ist es ein interessanter Ort: Die Führungen gehen wie gewohnt weiter.

21 New Globe Walk, Bankside, SE1, www.shakespearesglobe.com, tgl. geöffnet, siehe Website für Öffnungszeiten, Führung 17 £, Stehplätze 5 £, Sitzplätze ab 25 £, U-Bahn Southwark/St. Paul's

㉔ Auf dem **Smithfield Market** wird seit achthundert Jahren Fleisch verkauft und gekauft. Das schöne viktorianische Gebäude stammt aus dem Jahr 1867. Wenn du den Markt in voller Aktion erleben willst, solltest du früh da sein, am besten vor 7.00 Uhr.

Charterhouse Street, EC1A, www.smithfieldmarket.com, Mo–Fr 24.00–7.00 Uhr, U-Bahn Farringdon/Barbican

ROUTE 3

SHOREDITCH

INFOS ZUR ROUTE

Diese Route führt dich in den künstlerischen Teil der Stadt. Du kommst an Kunstgalerien, Vintage-Boutiquen und Kreativmärkten vorbei. Die Straßen rund um Shoreditch sind interessant, und wer noch mehr tolle Adressen entdecken will, kann von der Route abweichen und weiter in den Osten Londons gehen. Aufgrund seiner zahlreichen Ausgeh-Adressen ist dies auch ein gutes Viertel für einen Besuch am Abend.

DAS VIERTEL

Shoreditch befindet sich im **East End**. Dies ist das traditionelle Arbeiterviertel der Stadt, aber mit der Ankunft von Künstlern und dem kreativen Sektor in den späten 80er-Jahren in Shoreditch und Umgebung verwandelte sich die Gegend in eine der angesagtesten Stadtteile Londons. Hier leben mehr Künstler pro Quadratmeter als anderswo in Europa. Die umstrittensten Kunstwerke, die neuesten Hypes und die letzten Trends: Sie haben oft ihren Ursprung in Shoreditch. Obwohl die Mieten stetig steigen, ist der *Arty Vibe* geblieben. Das erkennt man an der Street-Art, an den mit Graffiti besprühten Wänden und an den Industriehallen mit kreativen Webunternehmen. Die großen Ketten erobern langsam das Viertel, was dazu führt, dass die wahren Trendsetter immer weiter nach Osten ziehen, in *up-and-coming* – und noch etwas raue – Viertel wie Dalston und Stoke Newington.

Shoreditch ist nicht nur wegen seiner kreativen Atmosphäre beliebt, sondern auch zum Ausgehen. Clubs, Kneipen, Restaurants, Märkte und Cafés: Alles ist vertreten. Es ist auch die Nachbarschaft der asiatischen Bevölkerung und der übrigen internationalen Gemeinschaft, die diesen künstlerischen Schmelztiegel so faszinierend machen. Die berühmteste Straße ist die **Brick Lane**, auch bekannt als Banglatown. Hierher kommen die Londoner für das einzig wahre Nationalgericht: Curry!

BESCHREIBUNG ROUTE 3 (ca. 7,5 km)

Nahe am Bahnhof Aldgate East liegt die Whitechapel Gallery **1**. Danach biege links in die Osborn Street. Laufe geradeaus die Brick Lane **2** hinunter und biege links in die Fournier Street ein und dann links in die Commercial Street, um peruanisch zu frühstücken **3**. Gehe zurück, bis auf der linken Seite Old Spitalfields Market liegt **4**. Laufe weiter und gehe rechts in die Hanbury Street und links in den Dray Walk für eine musikalische Atmosphäre **5** **6**. In der Brick Lane gehst du nach rechts zu zwei Märkten **7** **8**. Jetzt zurück in die Richtung, aus der du kamst, und rechts in die Cheshire Street, wo du nette Geschäfte findest **9**. Folge der Brick Lane für *Beigel* **10** und biege an der Kreuzung rechts in die Bethnal Green Road ein. Dort findest du Vintage und eine Kunstgalerie **11** **12**. Gehe zurück und rechts in die Redchurch Street für Haus-, Garten- und Küchenzubehör **13**. Gehe links zur Club Row und dann rechts in die Bethnal Green Road, wo du ein Stück weiter den Boxpark Shoreditch siehst **14** und gegenüber zwei Restaurants **15** **16**. Biege zweimal rechts ab bis zur Redchurch Street für britische Kleidung und Speisen **17** **18**, danach links in die Chance Street. Laufe bis zum Arnold Circus. Rechts um die Ecke kannst du in einer alten Schule **19** essen. Gehe über den Platz in die Hocker Street, rechts in die Virginia Road und rechts in die Columbia Road zum Blumenmarkt **20**. Links in der Ezra Street gibt es Tee und Süßigkeiten zu kaufen **21**. Jetzt zurück zum Arnold Circus und in die Calvert Avenue zum Essen und Einkaufen **22** **23**. Biege rechts auf die Shoreditch High Street ab, wo weitere Läden zum Bummeln einladen **24**. Jetzt links in die Old Street, um ein Abendessen zu genießen **25**. Laufe die Shoreditch High Street hinunter, die in die Kingsland Road übergeht, und besuch das Museum of the Home **26**. Über die Shenfield Street gelangst du zur Hoxton Street, dort rechts, um einen malerischen Laden, einen Konzertsaal und einen echten *Pie Shop* zu finden **27** **28** **29**. Laufe zur anderen Ecke der Hoxton Street. Am Ende rechts zum Hoxton Square und links in die Rufus Street, wo du zu jeder Tageszeit frühstücken kannst **30**. Über die Old Street gelangst du auf die Curtain Street. Dort findest du Geschäfte, Barbecue, Blues und Rock and Roll **31** **32** **33**. Für einen Absacker überquere die Great Eastern Street und gehen zur Leonard Street **34**. Laufe weiter und biege am Mark Square links ab. Rechts geht's in den Kirchengarten und im Pfarrhaus findest du ein kleines Designerkaufhaus **35**. Ein wenig abseits der Route liegt der Broadway Market **36**. Nimm dafür die U-Bahn oder lass dich von einem *Black Cab* hinbringen.

SEHENSWÜRDIGKEITEN

① Für innovative Ausstellungen zeitgenössischer Kunst gibt es in London keinen besseren Ort als die **Whitechapel Gallery**. Ausstellungen ändern sich ständig und es werden oft interessante Vorträge gehalten. Weit weniger bekannt als die Tate Modern, aber sicherlich genauso unterhaltsam.

77–82 Whitechapel High Street, E1, www.whitechapelgallery.org, Di–Mi & Fr–So 11.00–18.00, Do 11.00–21.00 Uhr, Eintritt frei, U-Bahn Aldgate East

⑫ Für echte Kunstliebhaber! In der **Espacio Gallery** kannst du Ausstellungen aus der Londoner Kunstwelt bewundern, insbesondere von aufstrebenden Talenten. Außerdem gibt es regelmäßige Vorträge und Veranstaltungen. Auf der Website findest du eine Übersicht über alle Ausstellungen.

159 Bethnal Green Road, E2, espaciogallery.com, siehe Website für Zeiten, U-Bahn Shoreditch High Street

㉖ Das **Museum of the Home**, ehemals das Geffrye Museum, bietet besondere Einblicke in das Leben der Londoner und ihre Innenräume. Dieses Museum vermittelt einen Überblick über die verschiedenen Einrichtungsstile in Häusern des englischen Bürgertums von 1600 bis heute. Auch Molly's Café ist einen Besuch wert.

136 Kingsland Road, E2, www.museumofthehome.org.uk, Di–So 10.00–17.00 Uhr, Eintritt frei (Spenden willkommen), Overground Hoxton

ESSEN & TRINKEN

② In diesem Viertel ist die bangladeschische Gemeinschaft so groß, dass unter dem englischen Straßennamen **Brick Lane** auch der Name in Bengali aufgeführt ist. Du findest hier zahllose Lokale, die früher als Wohnstätten für männliche Gastarbeiter, die ihre Familien im Heimatland zurücklassen mussten, dienten. Heute kommen alle Londoner wegen des Currys nach Banglatown. In der Brick Lane ist das Angebot groß, und du kannst dich immer irgendwo dazusetzen, um eine köstliche Mahlzeit zu genießen.

Brick Lane, E1, tgl. geöffnet, U-Bahn Aldgate East/Liverpool Street

get cultured!

③ Lust auf peruanische Küche? **Andina** ist ein farbenfrohes Restaurant, das peruanische Klassiker wie *Ceviche*, in Tigermilch gekochten rohen Fisch, serviert. Tagsüber kannst du hier frühstücken oder mittags einen frischen peruanischen Saft trinken und abends diverse *Ceviches* essen und einen Cocktail dazu trinken.
60–62 Commercial Street, Spitalfields, E1, Tel. +44 2039653482, www.andinaceviche.com, Mo–Di 12.00–15.00 & 17.00–21.30, Mi–Fr 12.00–15.00 & 17.00–22.30, Sa 10.00–16.00 & 17.00–22.30, So 11.00–16.00 & 17.00–21.30 Uhr, Preis 9 £, U-Bahn Aldgate East

⑩ Im berühmten **Brick Lane Beigel Bake** backte man schon *Beigel*, bevor daraus Bagel wurden. Diese Londoner Institution ist 24 Stunden am Tag geöffnet und damit beliebt nach dem Ausgehen. Siebentausend Bagels gehen täglich über den Tresen!
159 Brick Lane, E1, Tel. +44 2077290616, www.bricklanebeigel.co.uk, tgl. geöffnet, Preis 9 £, U-Bahn Shoreditch High Street/Liverpool Street

⑮ Für ein ausgiebiges Mittagessen oder ein besonderes Abendessen solltest du zu **Lyle's** gehen. Es werden britische Klassiker in einem modernen Gewand angeboten. Küchenchef James Lowe serviert am Abend ein Sechs-Gänge-Menü, mittags kannst du aus einer Vielzahl kleinerer Gerichte auswählen.
Tea Building, 56 Shoreditch High Street, E1, Tel. +44 2030115911, www.lyleslondon.com, Di–Sa 12.00–15.00 & 18.00–23.00 Uhr, Preis 25 £, Overground Shoreditch High Street

⑯ Wo die großen Buchstaben TEA auf dem Dach stehen, befindet sich **Pizza East**. Der große Saal im Industriedesign ist für ein intimes Abendessen weniger geeignet, aber schön für einen geselligen Abend mit Freunden. Die Pizzen und Antipasti sind hier köstlich.
56 Shoreditch High Street, E1, Tel. +44 2077291888, www.pizzaeast.com/shoreditch, Mo–Do 12.00–23.00, Fr 12.00–24.00, Sa 11.00–24.00, So 11.00–22.00 Uhr, Preis 14 £, U-Bahn Shoreditch High Street/Old Street

⑱ Im Untergeschoss des fabelhaften Hotels Boundary befindet sich das gleichnamige Restaurant und oben auf dem Dach ist eine sehr schöne Bar. Aber die größte Attraktion ist hier zweifelsohne das zugehörige **Albion** – Café, Bäckerei

und Lebensmittelgeschäft in einem. Vom frühen Frühstück bis zum späten Abendessen: Zu jeder Tageszeit gibt es hier wirklich leckeres Essen. Auf der Speisekarte stehen britische Lieblingsgerichte.
2–4 Boundary Street, E2, Tel. +44 2077291051, www.boundary.london/albion, Mo–Mi & So 8.00–18.00, Do–Sa 8.00–20.00 Uhr, Preis 12 £, Overground Shoreditch High Street

⑲ Pssst! Erzähle es niemandem. Die **Rochelle Canteen** ist nur Eingeweihten bekannt und schwer zu finden. Dort, wo früher der Jungen-Eingang zu dieser alten Schule war, drückst du die Klingel mit der Aufschrift „Kantine" und ein kulinarisches Abenteuer erwartet dich. Im alten Fahrradschuppen serviert das Restaurant ein täglich wechselndes britisches Menü. Natürlich mit einem Twist.
Rochelle School, Arnold Circus, E2, Tel. +44 2039288328, arnoldandhenderson.com/ rochelle-canteen, Mo–Di & So 12.00–14.45, Mi–Sa 12.00–14.45 & 17.00–19.30 Uhr, Preis 15 £, U-Bahn Shoreditch High Street/Old Street

㉑ In **The Lily Vanilli Bakery** bekommst du köstliche Sandwiches, Kuchen und Gebäck, die du an einem der Holztische in den Innenräumen oder draußen im gemütlichen Innenhof essen kannst. Das ist die richtige Adresse, wenn du Lust auf Tee und Süßigkeiten hast. Nur von Donnerstag bis Sonntag geöffnet.
6 The Courtyard, Ezra Street, E2, www.lilyvanilli.com, Do–Sa 11.00–1700, So 9.00–16.00 Uhr, Schachtel mit 4 Brownies 18 £, Overground Hoxton

㉒ Von den Locals geliebt: **Leila's Shop**. Ein Lebensmittelladen mit Café, das einfache, köstliche Gerichte mit frischen, saisonalen Zutaten aus dem Laden serviert. Ideal für Kaffee, frische Säfte, Frühstück und Kuchen.
15–17 Calvert Ave, E2, Tel. +44 2077299789, leilasshop.co.uk, Di–Fr 12.00–16.00, Sa 10.00–16.00, Café Mi–Sa 12.00–15.00 Uhr, U-Bahn Shoreditch High Street

㉕ **The Clove Club** ist all das, was man von einem Restaurant mit Michelin-Stern erwarten kann. Köstliche und wunderbar zubereitete Gerichte, schön eingerichtet und mit einem Topservice. Am besten reservieren.
Shoreditch Town Hall, 380 Old Street, EC1V, Tel. +44 2077296496, thecloveclub.com, Mo 18.30–23.00, Di–Sa 12.00–14.00 & 18.30–23.00 Uhr, Preis 145 £, U-Bahn Old Street

Yummmm!

*

㉙ Für einen traditionellen *Pie & Mash* ist **F Cooke** der richtige Ort. Hier serviert man seit 1862 dieses typische Ostlondoner Gericht aus *Pie, Mash & Liquor*: eine herzhafte Pastete mit Hackfleischfüllung, Kartoffelpüree und Petersiliensauce. Und für Liebhaber gibt es auch *Eels & Mash*: Aale mit Kartoffelpüree.

150 Hoxton Street, N1, Tel. +44 2077297718, f-cooke-hoxton.business.site, Mi–Fr 11.00–17.00, Sa 10.00–18.00 Uhr, Preis 4,30 £, Overground Hoxton

㉚ Der Name ist Programm. Im **Breakfast Club** kannst du den ganzen Tag frühstücken – köstlich! Eier, Avocado-Toast, Pfannkuchen, Waffeln und Smoothies. Sie haben mehrere Filialen in der Stadt und die Atmosphäre ist überall hip, gemütlich und entspannt.

2–4 Rufus Street, N1, Tel. +44 2077295252, www.thebreakfastclubcafes.com, Mo–Fr 8.00–15.00, Sa–So 8.00–16.00 Uhr, Preis 14 £, U-Bahn Shoreditch High Street/ Old Street

③ Für einen Abend mit Blues und Rock and Roll ist **The Blues Kitchen** die richtige Adresse. Hier kannst du Spareribs, Pulled Pork oder einen leckeren Burger bei einer alkoholischen Erfrischung und Live-Musik genießen. Regelmäßig treten Blues- und Soul-Bands auf. Wenn du eine private Feier bevorzugst, miete einfach den Airstream-Wohnwagen!
134–146 Curtain Road, EC2A, Tel. +44 2077297216, www.theblueskitchen.com/shoreditch, Mo–Mi 12.00–24.00, Do 12.00–1.00, Fr 12.00–2.30, Sa 10.00–3.00, So 10.00–23.30 Uhr, Preis 14 £, Overground Shoreditch High Street

③ Für eine durchtanzte Nacht solltest du in **The Book Club** gehen. Neben tollen Bands und Künstlern stehen jede Menge Clubnächte auf dem Programm. Keine Lust zum Tanzen? Du kannst auch zum Comedy-Abend oder zum *Bottomless Brunch* am Samstag kommen. Mittwochs erhältst du zwei Pizzen zum Preis von einer.
100–106 Leonard Street, EC2A, Tel. +44 2076848618, www.wearetbc.com, Mi 16.00–24.00, Do 16.00–2.00, Fr 16.00–3.00, Sa 12.00–3.00 Uhr, Cocktail 9 £, U-Bahn Old Street

SHOPPEN

⑥ **Rough Trade East** ist Plattenladen, Coffeeshop, Bühne und Internetcafé in einem. Musikliebhaber können hier Stunden verbringen. Wenn du Glück hast, kannst du beim Einkaufen einen Auftritt deiner Lieblingsband miterleben.
Old Truman Brewery, 91 Brick Lane, E1, www.roughtrade.com, Mo–Sa 10.00–19.00, So 11.00–17.00 Uhr, U-Bahn Liverpool Street

⑦ Auf der Suche nach einem einzigartigen Vintage-Fund? Oder nach der begehrten Chanel-Tasche aus den 1970ern? Dann bist du auf dem **Brick Lane Vintage Market** genau richtig. Anbieter aus dem Vereinigten Königreich und Europa verkaufen hier ihre Vintage-Topstücke. Ob du nach einem Vintage-Hochzeitskleid, Streetwear, Galakleidern, Schallplatten oder auffälligen Accessoires suchst, hier gibt es alles.
85 Brick Lane, E1, www.vintage-market.co.uk, Mo–Sa 11.00–18.00, So 10.00–18.00 Uhr, U-Bahn Aldgate East/Liverpool Street

⑨ **Cheshire Street** ist eine Seitenstraße der Brick Lane mit einem netten Mix
an Läden. Zum Beispiel House of Vintage und Beyond Retro für tolle Vintage-
Kleidung und Guys & Dolls Parlour für eine Maniküre oder Gesichtsbehandlung.
Vergiss nicht Duke of Uke, Londons einziges Ukulelen- und Banjo-Geschäft.
Cheshire Street, Ec2, tgl. geöffnet, U-Bahn Shoreditch High Street/Old Street

⑪ **Nordic Poetry** ist eine Topadresse für erschwingliche Vintage-Designerstü-
cke für sie und ihn mit Marken wie Burberry, Kenzo und Moschino. Schau vorher auf die Instagram-Seite für die neuesten Funde und vor allem für einen *Trip
Down Memory Lane* mit vielen Outfit-Inspirationen aus den 90er- und
2000er-Jahren.
141 Bethnal Green Road, E2, www.nordicpoetry.co.uk, Mo–Mi & Fr–So 11.00–19.00,
Do 11.00–20.00, So 11.00–18.00 Uhr, U-Bahn Shoreditch High Street

⑬ Du suchst nach tollen Dingen für Haus, Garten oder Küche? **Labour and
Wait** bietet eine Mischung aus zeitlosen Wohnaccessoires und Geschenkarti-
keln in stilvoller Umgebung. Ich wette, du wirst hier nicht mit leeren Händen
rausgehen.
85 Redchurch Street, E2, www.labourandwait.co.uk, tgl. 11.00–18.00 Uhr,
Overground Shoreditch High Street

⑭ **Boxpark Shoreditch** ist das erste Pop-up-Einkaufszentrum der Welt. Gesta-
pelte Container wurden zu Läden, Restaurants und Galerien umgewandelt, in
denen Mode- und Lifestyle-Marken wie Sugar & Style, Aigoo und RNLDN zu
finden sind. Abends gibt es außerdem regelmäßig Aufführungen, Konzerte und
Veranstaltungen. Ein ganz neues Einkaufserlebnis!
2–4 Bethnal Green Road, E1, www.boxpark.co.uk, Geschäfte Mo–Mi & Fr–Sa
11.00–19.00, Do 11.00–20.00, So 12.00–18.00, Cafés & Galerien Mo–Sa 8.00–23.00,
So 10.00–22.00 Uhr, U-Bahn Shoreditch High Street

⑰ Die britische Marke **Sunspel** ist mehr als 150 Jahre alt und unterhält mehrere Filialen in London. Hier findest du zeitlose und bequeme Poloshirts, Pullover
und Unterwäsche für sie und ihn.
7 Redchurch Street, E2, www.sunspel.com, Mo–Sa 10.00–18.00, So 12.00–17.00 Uhr,
Overground Shoreditch High Street

㉓ Der britische Modedesigner **Oliver Spencer** entwirft angesagte Kleidung für kreative Männer, hergestellt aus hochwertigen Materialien. Nachhaltigkeit ist ihm wichtig. Spencer verwendet daher, wo immer möglich, natürliche Materialien und arbeitet möglichst mit Unternehmen zusammen, die eine ethische Produktion unterstützen.

10–12 Calvert Avenue, E2, www.oliverspencer.co.uk, Mo–Sa 10.30–18.30, So 12.00–17.00 Uhr, Overground Shoreditch High Street

㉔ **Aida** ist ein großartiger Conceptstore, in dem du Marken wie Bellerose und Rains, Samsøe Samsøe, Sandqvist und Mads Nørgaard findest. Sowohl für Männer als auch für Frauen gibt es Kleidung und Accessoires im Vintage-Look. Beende den Besuch mit einem Mittagessen oder einem Kaffee im Café vorn im Laden.

133 Shoreditch High Street, E1, www.aidashoreditch.co.uk, Mo–Sa 11.00–18.00, So 11.00–17.00 Uhr, Overground Shoreditch High Street

㉗ **Hoxton Street Monster Supplies** ist das einzige Geschäft in London – vielleicht sogar auf der Welt – das Produkte für Monster und andere Fieslinge verkauft. Von Werwölfen bis hin zu Vampiren – jeder ist hier seit jeher willkommen! Das Sortiment umfasst Lebensmittel, Notizbücher und T-Shirts, häufig mit lustigen und gruseligen Texten. Der Erlös dieses Shops geht an die Wohltätigkeitsorganisation „Ministry of Stories", die die Schreibfertigkeiten von Kindern im Osten Londons fördert.

159 Hoxton Street, N1, www.monstersupplies.org, Do–Fr 13.00–17.00, Sa 11.00–17.00 Uhr, Overground Hoxton

㉛ Mit einem sehr breiten Angebot an Damen-, Herren- und Kinderbekleidung sowie an Schuhen, Schmuck, Accessoires, Kosmetika und einer Einrichtungskollektion kannst du stundenlang im **Goodhood Store** stöbern. Du findest mehr als zweihundert bekannte und weniger bekannte Marken wie Ganni, Maison Margiela, Comme des Garçons, Malin + Goetz, Liam Owen und Beams Plus.

151 Curtain Road, EC2A, www.goodhoodstore.com, Mo–Sa 11.00–18.30, So 11.00–18.00 Uhr, Overground Shoreditch High Street

㉝ Wer Einrichtungsgegenstände liebt, wird bei **SCP** garantiert fündig. Zeitgenössische britische Designer wie Terence Woodgate, Matthew Hilton und Tom Dixon stehen hier Seite an Seite mit den Klassikern von Verner Panton und Eileen Gray. Der Laden bietet auch tolle Sachen fürs Homeoffice.
135–139 Curtain Road, EC2A, www.scp.co.uk, Di–Sa 9.30–18.00 Uhr,
U-Bahn Shoreditch High Street/Old Street

㉟ Das Ehepaar Javvy M Royle und Frieda Gormley gründete 2010 das **House of Hackney**: ein kleines Designerkaufhaus mit englischem Design. Möbel, Wohnaccessoires, Kleidung, Stoffe, Tapeten und Papier; alle haben einen schönen Druck. Das Motto *less is more* gilt hier nicht.
St Michael's Clergy House, Mark Street, EC2A, www.houseofhackney.com,
Mo–Sa 10.00–18.00 Uhr, Overground Shoreditch High Street, U-Bahn Old Street

FREIZEITTIPPS

④ Der alte **Spitalfields Market** wurde in den letzten Jahren modernisiert, sodass sich dort immer mehr große Ketten niedergelassen haben. Der einzigartige Charakter des Markts ist dadurch etwas verloren gegangen. Mit Geschäften wie **Belstaff** und **Collectif** und Lokalen wie **Wright Brothers** und **Blixen** für ein gutes Mittagessen ist es immer noch ein großartiger Ort zum Einkaufen. Vor allem, wenn du donnerstags oder freitags kommst: Dann findest du entweder Stände mit Antiquitäten und Vintage oder Mode und Kunst. Am Sonntag sind alle Marktstände geöffnet, aber dann ist immer sehr viel los.
105a Commercial Street, E1, www.oldspitalfieldsmarket.com, Mo–Mi & Fr 10.00–20.00, Do 8.00–18.00, Sa 10.00–18.00, So 10.00–17.00 Uhr, U-Bahn Liverpool Street

⑤ Die **Big Chill Bar** war ursprünglich ein Festival, aber jetzt ist sie eine Bar, in der du jeden Tag bei einem kleinen Imbiss und einem Getränk die Big-Chill-Stimmung genießen kannst. Die Musik ist im Allgemeinen fantastisch. An den Wochenenden legen DJs auf.
Dray Walk, The Old Truman Brewery, E1, bigchillbar.com/brick-lane-bar, Mo–Mi & So 17.00–Ende, Do 12.00–Ende, Fr–Sa 12.00–1.00 Uhr, Glas Wein 7 £, U-Bahn Liverpool Street

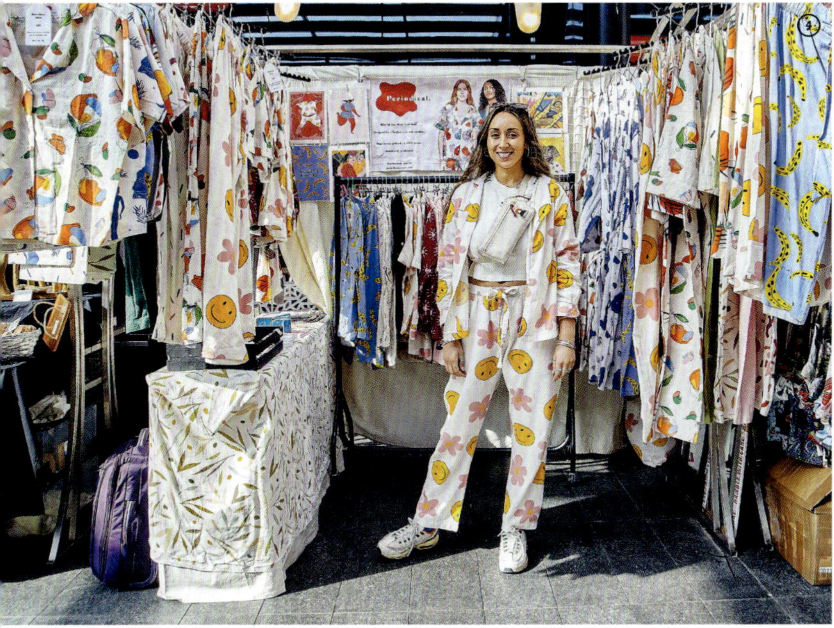
4
Periodical.

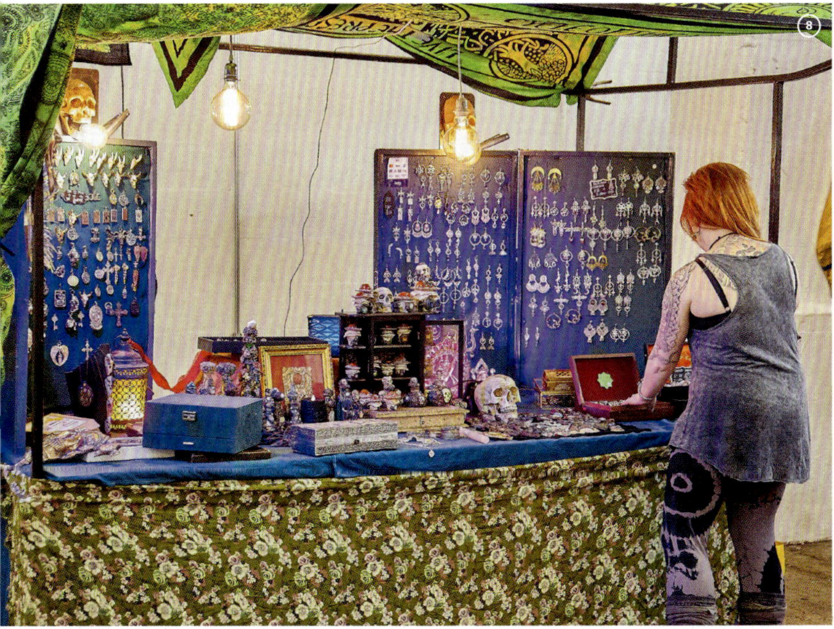
8

⑧ **Upmarket** in der alten Truman Brewery ist der perfekte Ort, um ausgefalle-ne handgefertigte Produkte direkt vom Designer oder Hersteller zu kaufen. Mehr als 140 Stände bieten Kleidung, Kunst, Vintage, Schmuck, Geschirr und köstliche Backwaren.

Ely's Yard, E1, www.sundayupmarket.co.uk, Mo–Fr 9.00–18.00, Sa 11.00–17.30, So 10.00–17.00 Uhr, U-Bahn Aldgate East/Liverpool Street

⑳ Jeden Sonntag blüht die Columbia Road durch den **Columbia Road Flo-wer Market** förmlich auf. Dieser Blumenmarkt zieht Londoner mit grünem Daumen an, aber durch die Läden und Cafés wird es erst richtig schön. Mason & Painter bietet Vintage-Möbel und Accessoires. Red Mud Hut ist das Ge-schäft für Keramik und Töpferwaren, Angela Flanders hat einzigartige Parfüms und Precious und Colenimo verkaufen Damenbekleidung. Und das ist bei Weitem nicht alles!

Columbia Road, E2, www.columbiaroad.info, Markt So 8.00–15.00 Uhr, U-Bahn Old Street

㉘ **Hoxton Hall** gibt es bereits seit 1863. Hier stehen Konzerte, Theaterstücke oder Aufführungen englischer Talente auf dem Programm. Außerdem werden hier Swing-Tanz- und Stand-up-Comedy-Abende organisiert. Es handelt sich hauptsächlich um kleine, unabhängige und vor allem originelle Produktionen. Garantiert ein besonderer Abend.

130 Hoxton Street, N1, www.hoxtonhall.co.uk, siehe Website für Zeiten und Preise, Overground Hoxton

㊱ An einem Samstagmorgen ist der **Broadway Market** der perfekte Ort, um eine Tasse Kaffee zu genießen, während die Londoner Trendsetter vorbeizie-hen. Donlon Books und Artwords verkaufen exklusive Fotografie- und Kunst-bücher, die anderswo nur sehr schwer zu bekommen sind. Arabica serviert den besten Americano. Und wenn du dich an originellen Kleidungsstücken, handgefertigten Quilts, Gadgets und Schnickschnack sattgesehen hast, dann ist Off Broadway der richtige Ort für einen Cocktail.

Broadway Market, E8, www.broadwaymarket.co.uk, Sa 9.00–17.00 Uhr, U-Bahn Bethnal Green, Bahn London Fields

ROUTE 4

KING'S CROSS & ANGEL

INFOS ZUR ROUTE

Die Route führt an zwei Stadtvierteln vorbei: King's Cross und Angel. King's Cross ist ein Teil Londons, der sich enorm verändert hat. Und noch immer werden regelmäßig neue Adressen eröffnet. Bei Angel geht es hauptsächlich um Essen, Trinken und Einkaufen und es ist daher kein Viertel, in dem du starten solltest, wenn du noch nie in London warst.

DIE VIERTEL

Im nördlichen Teil des Zentrums befinden sich zwei Stadtteile, die sich zunehmender Beliebtheit erfreuen: King's Cross & Angel.

Vor allem **King's Cross** hat sich stark verändert. Es ist noch nicht so lange her, dass dieses Viertel von Prostitution und Kriminalität geplagt wurde, aber seit den 1990er-Jahren hat es eine Metamorphose erfahren. Mit der Ankunft vom Eurostar im Jahr 2007 und der umfassenden Neugestaltung von King's Cross/ St. Pancras International und der verfallenen Gebäude in der Nähe erhielt King's Cross ein vollkommen neues Gesicht.

Granary Square ist ein gutes Beispiel für diese Entwicklungen. Der Platz ist von renovierten Lagerhäusern umgeben, die jetzt trendige Restaurants beherbergen, genau wie die berühmte Modeschule Central Saint Martins. Rund um Granary Square ist ein völlig neues Viertel entstanden, mit zwanzig neuen Straßen, zweitausend neuen Wohnungen und mehr als tausend Quadratmetern Einzelhandels-, Büro- und Wohnfläche. 2018 eröffnete **Coal Drops Yard**, ein neues Einkaufszentrum mit 9000 Quadratmetern Geschäften, Cafés, Bars und Restaurants.

Etwa zehn Gehminuten weiter östlich befindet sich der Stadtteil **Islington**, dessen Herzstück das gemütliche Angel darstellt. Ein quirliges Viertel mit den be-

BESCHREIBUNG ROUTE 4 (ca. 7,3 km)

Von der U-Bahn-Station Euston Square läufst du zur Wellcome Collection ❶.
Ein Stück weiter stößt du auf eine unterirdische Kunstgalerie ❷ und The British
Library ❸. Laufe weiter zum Mittagessen im St. Pancras Renaissance Hotel
London ❹ oder besuch das Restaurant im Standard Hotel ❺ auf der anderen
Straßenseite. Biege links in die Pancras Road, um im Great Northern Hotel ❻
oder in einem der anderen guten Hotels ein Stück weiter zu essen ❼ ❽. Gehe in
die Fußgängerzone auf der rechten Seite, am Google-Gebäude vorbei und zu zwei
asiatischen Restaurants ❾ ❿ und biege rechts ab und gehe links über das Wasser zum Granary Square ⓫. Hier kannst du brunchen, zu Mittag oder zu Abend
essen ⓬ . Biege links und dann rechts zum Coal Drops Yard ⓭ ab, wo du weitere
Geschäfte, Cafés und Restaurants findest. Am Ende der Stable Street liegt auf
der rechten Seite ein italienisches Restaurant mit Feinkostladen ⓮. Laufe zurück
zum Granary Square, dann über die Brücke und links in den Goods Way für einen
Drink ⓯ und gehe direkt rechts zum Kings Place ⓰ für Musik und Theater. Biege
vom York Way links in die Wharfdale Road ein und dann links, um das London
Canal Museum ⓱ zu besichtigen. Gehe die Wharfdale Road hinunter und rechts
in die Caledonian Road. Laufe weiter und biege rechts in die Pentonville Road ein,
biege wieder rechts ins Regent Quarter für Tapas ⓲ ab. Oder gehe links in die
Pentonville Road für ein köstliches vegetarisches Essen ⓳. Wenn du 15 Minuten
läufst, landest du in Angel. Oder du nimmst vom Bahnhof King's Cross den Bus
oder die U-Bahn: Mit der U-Bahn ist es nur eine Station auf der Northern Line.
Wenn du zu Fuß gehst, biege am Ende der Pentonville Road rechts in die St. John
Street zum Theater ⓴ ab. Laufe durch die St. John Street und biege rechts in die
Chadwell Street und gleich wieder links in den Arlington Way ein. Dort siehst du
ein Geschäft für Papierwaren ㉑ und ein berühmtes Tanztheater ㉒. Gehe außen
herum und über die Rosebery Avenue zurück nach links in die St. John Street und
geradeaus zur Islington High Street. Biege rechts ab in die Duncan Street und
wieder links zur Camden Passage ㉓ ㉔ ㉕. Spaziere entlang Islington Green,
dann rechts in die St. Peter's Street und links in die Colebrook Row, wo du Mal-
zubehör und eine Cocktailbar ㉖ ㉗ findest. Biege in die Essex Road ein und gehe
links in die Cross Street zum Einkaufen ㉘. Du kommst zur Upper Street, wo du
mediterran speisen und ein Theater besuchen kannst ㉙ ㉚. Oder du kaufst für
später noch etwas ein ㉛ ㉜ ㉝ ㉞ ㉟. Beende den Abend mit einem Film ㊱.

SEHENSWÜRDIGKEITEN

① Die **Wellcome Collection** vereint Wissenschaft, Medizin, Kunst und das Leben in einer Reihe von Ausstellungen auf besondere Weise. Das Museum ist nach Sir Henry Wellcome benannt, einem berühmten Apotheker, Philanthrop und Sammler. Vergiss nicht, für eine Tasse Kaffee und ein paar Leckereien das Wellcome Café zu besuchen.
183 Euston Road, NW1, www.wellcomecollection.org, Di–Mi & Fr–So 10.00–18.00, Do 10.00–20.00 Uhr, Eintritt frei, U-Bahn Euston Square/Euston

② Die **Crypt Gallery** ist vielleicht einer der außergewöhnlichsten Galerieräume Londons. Die Krypta der St. Pancras Parish Church wurde zwischen 1822 und 1854 als Grabkammer eingerichtet, aber seit 2002 wird dieser unterirdische Raum als Galerie genutzt, in der das ganze Jahr über Ausstellungen zu bewundern sind.
Euston Road, NW1, www.cryptgallery.org, siehe Website für Zeiten, Eintritt frei, U-Bahn King's Cross

③ Mit einer Sammlung von über 150 Millionen Büchern, Zeitschriften und Dokumenten ist **The British Library** eine der größten Bibliotheken der Welt. Der Lesesaal ist nur Mitgliedern zugänglich, aber es gibt Ausstellungen, Veranstaltungen und Führungen, die einen guten Eindruck von diesem beeindruckenden Gebäude vermitteln. Außerdem gibt es einen Laden, ein Café und ein Restaurant.
96 Euston Road, NW1, www.bl.uk, Mo–Do 9.30–20.00, Fr 9.30–18.00, Sa 9.30–17.00, So 11.00–17.00 Uhr, U-Bahn King's Cross/St. Pancras

⑰ Die ehemalige Speiseeisfabrik des berühmten Eisproduzenten Carlo Gatti beherbergt heute das **London Canal Museum**. Das kleine Museum widmet sich Londoner Kanälen. Besonders viel Spaß macht eine Tour mit dem Kanalboot, das hier eine Einstiegsstelle hat. Du fährst den Regent's Canal entlang und kommst unter anderem vorbei an Little Venice, London Zoo und Camden Town. Zudem erfährst du einiges über die Londoner Eisindustrie.
12–13 New Wharf Road, N1, www.canalmuseum.org.uk, Mi–So 10.00–16.30 Uhr, Eintritt 6 £, U-Bahn King's Cross

Let your feet take you there!

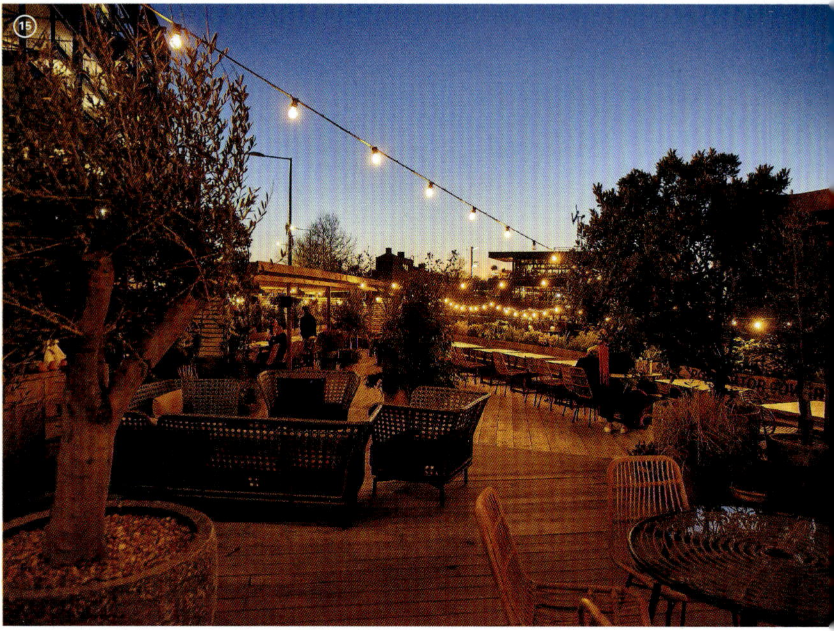
15

29
Bianco, Piedmont, ITALY,
Nose of lillies, dry spices, quince with
hit of walnut and a long finish
Bourgogne Blanc "les Sauliniers" Montanet-
FRANCE 2009 (Org)

12

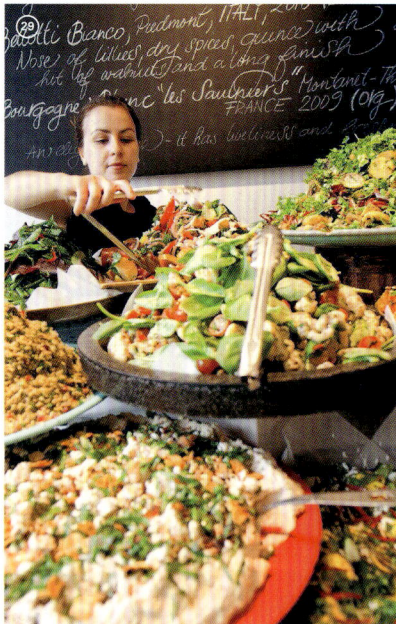

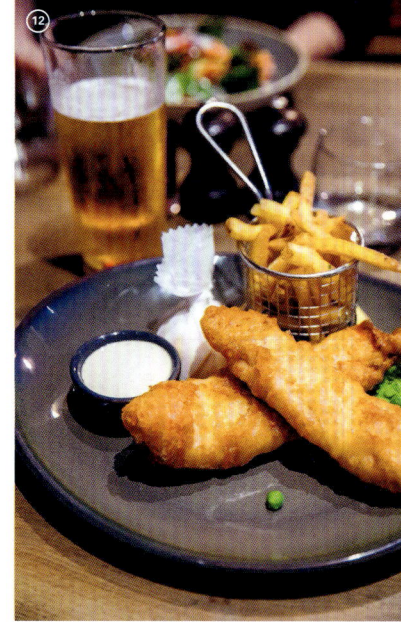

ESSEN & TRINKEN

④ Um 1860 wurden im **Booking Office** Zugfahrkarten verkauft. Heute dient dieser historische Saal als Bar und Restaurant des St. Pancras Renaissance London Hotel. In einem Ambiente mit hohen Backsteinmauern, einer 29 Meter langen Bar und Elementen, die in einer Kathedrale nicht fehl am Platz wirkten, kannst du frühstücken, zu Mittag essen, zu Abend essen oder etwas trinken.
Euston Road, NW1, Tel. +44 2078413566, www.booking-office.co.uk, Mo–Mi 6.30–24.00, Do–Fr 6.30–1.00, Sa–So 7.00–24.00 Uhr, Preis 20 £, U-Bahn King's Cross/ St. Pancras

⑤ Für ein *Dinner With a View* solltest du ins **Decimo** gehen, das im zehnten Stock des Standard Hotel liegt. Die Speisekarte besteht aus spanischen und mexikanischen Gerichten und einigen Gerichten aus dem Rest von Europa – Tacos und Krabben, aber auch Lammfleisch, Jakobsmuscheln und vegetarische Gerichten. Abends legt oft ein DJ auf.
10 Argyle Street, WC1H, Tel. +44 2039818888, www.decimo.london, Mi–Do 17.00– 22.30, Fr–Sa 12.00–14.30 & 17.00–22.30 Uhr, Preis 20 £, U-Bahn King's Cross

⑥ Im renovierten Great Northern Hotel befindet sich **Plum + Spilt Milk**. Ein elegantes Restaurant, in dem du gut frühstücken oder in aller Ruhe einen Drink zu dir nehmen kannst, der in ein spätes Abendessen übergeht. In einem stilvollen Interieur mit Designerleuchten und dunklen Möbeln wird britische Küche in modernem Gewand serviert.
Great Northern Hotel, Pancras Road, N1C, Tel. +44 2033880818, plumandspiltmilk. com, Mo–Mi 7.00–10.00, Do–Fr 7.00–10.00, 12.00–15.00 & 17.00–22.00, Sa 8.00– 10.00 & 17.00–22.00, So 11.00–14.30 Uhr, Preis 27 £, U-Bahn King's Cross

⑦ Eine Turnhalle aus dem Jahr 1865 beherbergt heute das **German Gymnasium**. 1866 war es einer der Austragungsorte der ersten Olympischen Spiele in London. Heute ist es ein stilvolles Restaurant mit Café und Bar. Genieß europäische Gerichte mit deutschen Einflüssen von Küchenchef Björn Wassmuth.
1 King's Boulevard, N1C, Tel. +44 2072878000, www.germangymnasium.com, Grand Café Mo–Sa 10.00–22.00, So 10.00–21.00, The Meister Bar Mo–Mi 16.00–24.00, Do–Sa 11.30–1.00, So 11.30–23.00 Uhr, Zwei-Gänge-Menü 30 £, U-Bahn King's Cross

⑧ **Granger & Co.** ist das Restaurant des australischen Kochs Bill Granger. Hier werden von morgens bis abends leckere und gesunde Mahlzeiten serviert – frisches Obst mit griechischem Joghurt oder eine Açaí-Bowl zum Frühstück, ein Thunfisch-Avocado-Salat zum Mittagessen und ein Krabbenburger am Abend. Sei pünktlich, denn es ist oft sehr voll!
7 Pancras Square, Stanley Building, N1C, Tel. +44 2030582567, grangerandco.com, Mo–Sa 7.00–23.00, So 8.00–22.00 Uhr, Preis 16 £, U-Bahn King's Cross

⑨ **Kimchee** ist ein hippes koreanisches Restaurant und perfekt gestylt. Auf der Speisekarte findest du koreanische Klassiker wie die traditionellen Gerichte *Banchan*, *Mandu*, *Bibimbap* und *Bulgogi*. Empfehlenswert: Brathähnchen mit Bier.
2 Pancras Square, N1C, Tel. +44 2039078474, www.kimchee.uk.com, Mo–Fr 12.00–15.00 & 17.00–21.00, Sa–So 12.00–21.00 Uhr, Preis 10 £, U-Bahn King's Cross

⑩ Im **Cafe BAO** isst du gedämpfte Brötchen, auch Bao Buns genannt, zum Frühstück, Mittagessen und Abendessen. In diesem asiatischen Restaurant stehen japanische und taiwanesische Gerichte, aber auch westlich beeinflusste Gerichte auf der Speisekarte. Es gibt eine Bäckerei, in der du *Bubble Tea* und süße Dampfbrötchen, etwa mit Vanillepudding oder Kokosnussfüllung, bestellst. Auch zum Mitnehmen beliebt.
4 Pancras Square, N1C, baolondon.com, Di–Fr 12.00–15.00 & 17.00–22.00, Sa 12.00–22.30, So 12.00-17.00 Uhr, klassisches Bao 5,50 £, U-Bahn King's Cross

⑫ **The Lighterman** ist einer der schönsten Neuzugänge am Granary Square: Restaurant, Bar und Pub über drei Etagen. Im Sommer lockt die schöne Terrasse und im Winter kann man innen die Aussicht über den Kanal und den Granary Square genießen. Die Speisekarte bietet britische Gerichte mit europäischen Einflüssen, und es gibt eine umfangreiche Cocktail-, Bier- und Weinkarte.
3 Granary Square, N1C, Tel. +44 2038463400, www.thelighterman.co.uk, Mo–Do 12.00–23.30, Fr 12.00–24.00, Sa 10.00–24.00, So 10.00–22.30 Uhr, Preis 20 £, U-Bahn King's Cross

⑭ Wenn du auf der Suche nach einem italienischen Restaurant in London bist, solltest du unbedingt **Lina Stores** besuchen. In einem schönen, hippen, minzgrünen Ambiente isst du italienische Klassiker wie Antipasti, Pasta und Tiramisu.

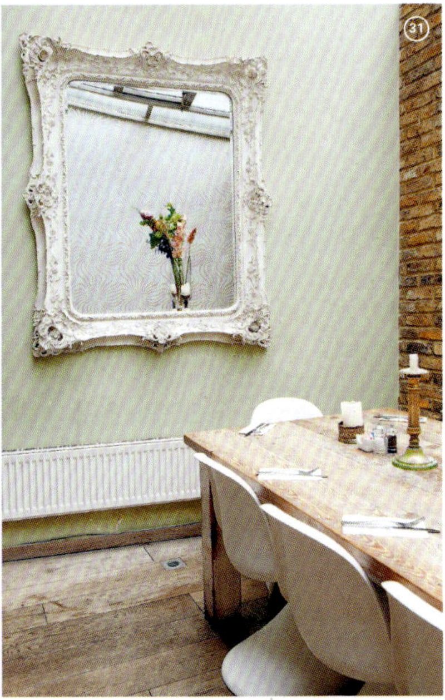
31

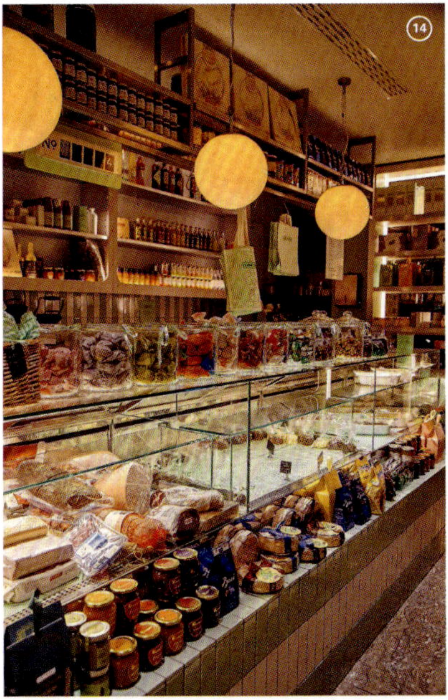
14

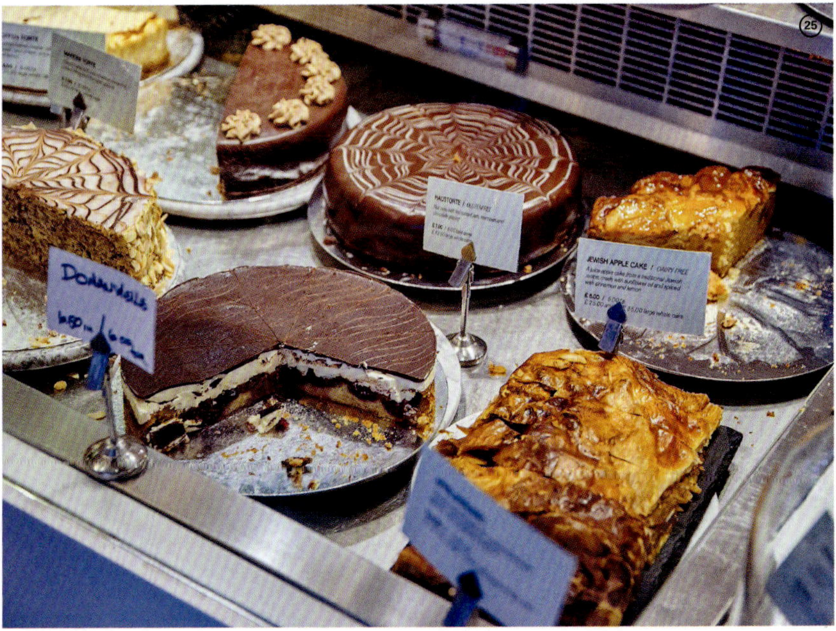
25
HAUSTORTE / GLUTENFREI
JEWISH APPLE CAKE / DAIRY FREE

Tipp: Im Delikatessenladen gibt es essbare Souvenirs und schön verpackte Köstlichkeiten wie Kastanien-Amaretti oder Haselnuss-Nougat.
20 Stable Street, N1C, www.linastores.co.uk, tgl. 12.00–23.30, Feinkostladen Mo–Fr 9.00–20.00, Sa–So 10.00–20.00 Uhr, Preis 10 £, U-Bahn King's Cross

⑮ **The Gas Station** ist dank der köstlichen Cocktails und Weine und der gemütlichen Terrasse, die man an einem sonnigen Tag gar nicht mehr verlassen möchte, ein angenehmes Fleckchen. Sieben Tage in der Woche kannst du hier mit Blick auf das Wasser brunchen, zu Abend essen und etwas trinken.
Goods Way, N1C, www.gasstation.london, Mo–Do & So 12.00–23.30, Fr–Sa 12.00–0.30 Uhr, Bier 6 £, U-Bahn King's Cross

⑱ In einem kleinen Innenhof liegt die **Bar Pepito**. Hier trinkt man Sherry und isst Tapas in einem stimmungsvollen Interieur mit bunten Kacheln und spanischen Dekorationen. Winzig, aber unglaublich gemütlich.
3 Varnishers Yard, The Regent's Quarter, Tel. +44 2078417331, camino.uk.com/location/bar-pepito, Di–So 16.00–23.30 Uhr, Tapas ab 3 £, U-Bahn King's Cross

⑲ **Mildreds** ist eines der besten vegetarischen und veganen Restaurants Londons. Auf der Speisekarte stehen Gerichte wie Süßkartoffel-Curry und Nudeln mit Pak Choi, Kimchi und Tofu, aber auch bunte Salate und Burger. Es ist hier immer voll, bestell am besten einen Drink an der Bar, bis ein Tisch frei wird.
200 Pentonville Road, N1, Tel. +44 2072789422, www.mildreds.co.uk, Mo–Sa 9.00–23.00, So 9.00–22.00 Uhr, Preis 13 £, U-Bahn King's Cross

㉔ **Frequency** ist ein kleiner feiner Coffeeshop in der Camden Passage. Der Kaffee wird aus selbst gerösteten Bohnen zubereitet. Neben Muffins und Zimtschnecken kannst du auch herzhafte Sandwiches und Brötchen bekommen. Es gibt nicht viele Sitzplätze, daher bestellen die meisten hier einen *Coffee to go*.
13 Camden Passage, N1, Tel. +44 2078137931, www.frequencycoffee.com, tgl. 8.00–17.00 Uhr, Kaffee 5 £, U-Bahn Angel

㉕ Lust auf ein Schnitzel? Dann bist du im **Kipferl** genau richtig. Das Lokal ist schön und gemütlich und die österreichischen Gerichte sind sehr gut. Gerichte wie Käsespätzle, Sauerkraut und Apfelstrudel. Und natürlich darf das Wiener

Schnitzel nicht fehlen! Auch eine gute Adresse für ein schönes Frühstück oder nur für Kaffee und Kuchen.

20 Camden Passage, N1, Tel. +44 2077041555, www.kipferl.co.uk, Mo–Do 10.00–22.00, Fr–Sa 10.00–23.00, So 10.00–19.00 Uhr, Preis 10 £, U-Bahn Angel

㉗ In der Bar ohne Namen, besser bekannt als **69 Colebrooke Row**, sind die Cocktails umwerfend gut. Sie liegt gut versteckt in einer ruhigen Straße. Innen empfängt dich ein Ambiente mit 1920er-Jahre-Atmosphäre, in dem Inhaber Tony Conigliaro Cocktails wie Heather Negroni und Silver Gipsy serviert.

69 Colebrooke Row, N1, Tel. +44 7540528593, www.69colebrookerow.com, Mo–Di & So 17.00–24.00, Do 17.00–1.00, Fr–So 17.00–2.00 Uhr, Cocktail 12,50 £, U-Bahn Angel

㉙ **Ottolenghi** ist in London und weit darüber hinaus ein Begriff. Seine Bücher sind Bestseller und er machte Zutaten wie Granatapfel, Tahin und Zatar populär. In der Upper Street befindet sich einer seiner Feinkostläden mit einem Restaurant. Hier kannst du mediterrane Küche mit viel schmackhaftem Gemüse genießen.

287 Upper Street, N1, Tel. +44 2072881454, www.ottolenghi.co.uk, Mo–Sa 9.00–22.00, So 9.00–18.00 Uhr, Preis 14 £, U-Bahn Angel/Highbury & Islington

㉛ **Fig & Olive** ist bei den Bewohnern von Islington sehr beliebt. Sie kommen wegen der Atmosphäre, des schmackhaften Essens und der guten Bedienung. In einem modernen, schlichten Interieur werden europäische Gerichte mit mediterranem Einschlag wie Moussaka, Seebarsch oder Lammkeule serviert. Tagsüber kannst du hier frühstücken oder zu Mittag essen.

151 Upper Street, N1, Tel. +44 2073542605, www.figolive.co.uk, Mo–Do 11.00–22.30, Fr. 11.00–23.00, Sa. 9.00–23.00, So. 9.00–22.30 Uhr, Preis 16 £, U-Bahn Angel/Highbury & Islington

㉟ Im Jahr 2018 gewann der Koch James Cochran die Fernsehsendung *Great British Menu* und eröffnete im selben Jahr sein Restaurant **12:51** in Islington, das er nach einem Song von The Strokes benannte. James hat einen schottisch-karibischen Hintergrund und das spiegelt sich im Fünf-Gänge-Menü wider. Sonntags wird ein *Sunday Roast* serviert.

107 Upper Street, N1, www.1251.co.uk, Di–Do 17.00–22.00, Fr 12.00–15.00 & 17.00–22.00, Sa 12.00–22.00, So 12.00–20.00 Uhr, Fünf-Gänge-Menü 40 £, U-Bahn Angel

SHOPPEN

⑬ **Coal Drops Yard** ist eine neue Einkaufsgegend im Herzen von King's Cross, wo du sehr gut einkaufen und danach gemütlich etwas essen oder trinken kannst. Die Industrieanlagen wurden 1850 zur Lagerung von Kohle genutzt, aber seit Oktober 2018 befinden sich hier Geschäfte, Cafés und Restaurants wie **Tom Dixon**, **A.P.C.**, **Rains**, **American Vintage**, **Caravane** und **Vermuteria**. Stable Street, N1C, www.coaldropsyard.com, tgl. 10.00–23.00 Uhr, U-Bahn King's Cross

㉑ Zwei Grafikdesigner mit einer Vorliebe für Büroartikel sind die Köpfe hinter **Present & Correct**. Ein Geschäft mit einer Sammlung schlichter, aber stilvoll gestalteter Papier- und Schreibwaren. Notizbücher, Büroklammern, Briefumschläge sowie Bücher, Drucke und Postkarten. Ideal für Geschenke! 23 Arlington Way, EC1R, www.presentandcorrect.com, Di–Sa 12.00–18.00 Uhr, U-Bahn Angel

㉓ Mit der Ansiedlung bekannter Einzelhandelsketten wie Reiss hat sich die **Camden Passage** in den letzten Jahren stark verändert. Aber noch immer können Sammler und Antiquitätenliebhaber jeden Mittwoch und Samstag an den Ständen nach Antiquitäten und Vintage-Stücken Ausschau halten. An anderen Tagen kannst du in zahlreichen Geschäften wie **Annie** für Vintage-Kleidung oder **Caroline Carrier** für antike und Vintage-Porzellan stöbern.
Camden Passage, N1, www.camdenpassageislington.co.uk, Markt Mi 9.00–18.00, Sa 8.00–18.00 Uhr, U-Bahn Angel

㉖ Kreative bekommen große Augen, wenn sie **Cass Art** besuchen. Auf drei Etagen gibt es hier wirklich alles, was sie für Kunst, Malen und Zeichnen brauchen. Die Anlaufstelle für Künstler und Studenten, aber ein Vergnügen für alle, die gern kreativ werden. Regelmäßig werden Workshops und Vorträge angeboten.
66–67 Colebrooke Row, N1, www.cassart.co.uk, Mo–Sa 10.00–19.00, So 11.00–18.00 Uhr, U-Bahn Angel

㉘ Die australische Marke **Aesop** besteht seit 1987 und ist spezialisiert auf natürliche Hautpflegeprodukte. Alles ist ausgiebig getestet und zu 100 Prozent natürlich. Das minimalistische Ladendesign und die ungewöhnlichen Verpackungen erinnern an ein Labor aus den 1930er-Jahren.
56 Cross Street, N1, www.aesop.com, Mo–Sa 10.00–18.00, So 11.00–17.00 Uhr, U-Bahn Angel/Highbury & Islington

㉜ **Aria** ist ein wunderschönes Einrichtungsgeschäft, in dem Designermöbel verkauft werden, aber du findest daneben auch originelle Geschenke und witzige Accessoires. Auf der anderen Straßenseite, in der Upper Street, verkauft Aria One Six Eight (derselbe Inhaber) Kleidung, Taschen und andere Modeaccessoires von bekannten und weniger bekannten Marken wie Issey Miyake, Tom Dixon und Sarah Straussberg.
Barnsbury Hall, Barnsbury Street, N1, www.ariashop.co.uk, Mo–Sa 10.00–18.30, So 12.00–17.00 Uhr, U-Bahn Angel/Highbury & Islington

㉝ Bei **Neal's Yard Remedies** gehen Gesundheit und Schönheit Hand in Hand. Neben einer umfangreichen Palette von Hautpflegeprodukten werden natürliche

Heilmittel in Form von Ölen, Kräutern und Aromatherapien angeboten. Im Schönheitssalon kannst du dir eine Massage, eine Gesichts- oder eine Akupunkturbehandlung gönnen.

295 Upper Street, N1, www.nealsyardremedies.com, Mo–Fr 10.00–19.00, Sa 10.00–18.00, So 10.30–18.00 Uhr, U-Bahn Angel/Highbury & Islington

(34) Bei **After Noah** findest du ungewöhnliche Geschenke. Zwischen antiken und Vintage-Möbeln, Postkarten und vielen Gadgets ist eine sehr schöne altmodische Spielzeugsammlung ausgestellt.

121 Upper Street, N1, www.afternoah.com, Mo–Sa 10.00–18.00, So 11.00–17.00 Uhr, U-Bahn Angel/Highbury & Islington

FREIZEITTIPPS

(11) Hinter dem Bahnhof King's Cross liegt der **Granary Square**, ein Platz mit spektakulärem Springbrunnen, auf dem man an einem sonnigen Tag herrlich verweilen kann. Die umgebauten Lagerhäuser beherbergen heute trendige Restaurants sowie das Universitätsgebäude von Londons berühmtester Modeschule, Central Saint Martins. Es finden das ganze Jahr über Veranstaltungen und Festivals statt, im Sommer gibt es hier ein Open-Air-Kino und im Winter eine Schlittschuhbahn.

Granary Square, N1C, www.kingscross.co.uk/granary-square, U-Bahn King's Cross

(16) Für klassische Musik, Kunst und Theater solltest du zum **Kings Place** gehen. Das Kulturzentrum beherbergt nicht weniger als zwei Konzertsäle, mehrere Kunstgalerien, eine Bar und das Restaurant Rotunda. Hier kannst du mittags und abends eine Kleinigkeit essen oder einen Drink auf der Terrasse mit Blick auf den Kanal genießen.

90 York Way, N1, www.kingsplace.co.uk, tgl. geöffnet, Tickets ab 10 £, U-Bahn King's Cross

(20) Das **Old Red Lion Theatre** öffnete 1979 seine Türen. Es ist ein intimes und stimmungsvolles Theater mit nur sechzig Plätzen und einer typisch englischen Atmosphäre. Seit über dreißig Jahren werden hier bekannte Klassiker und neue

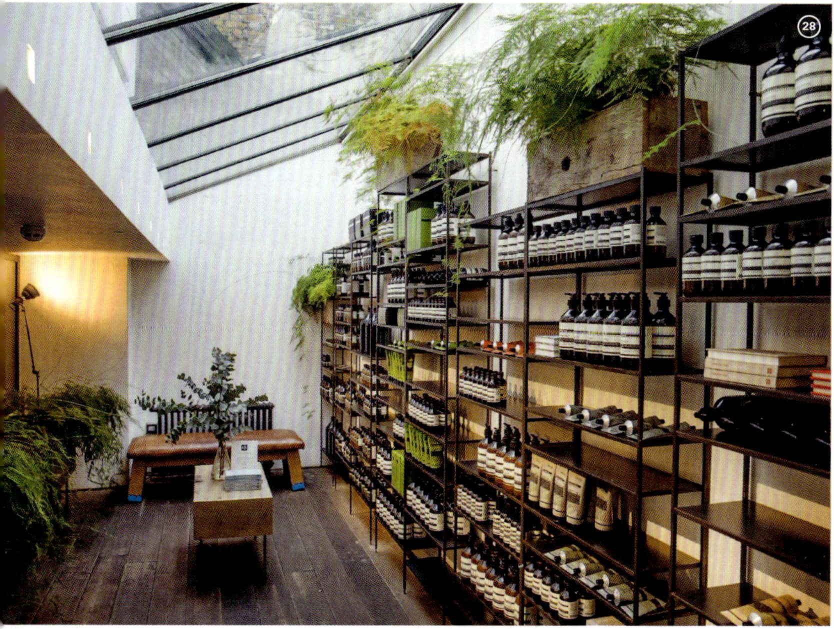
28

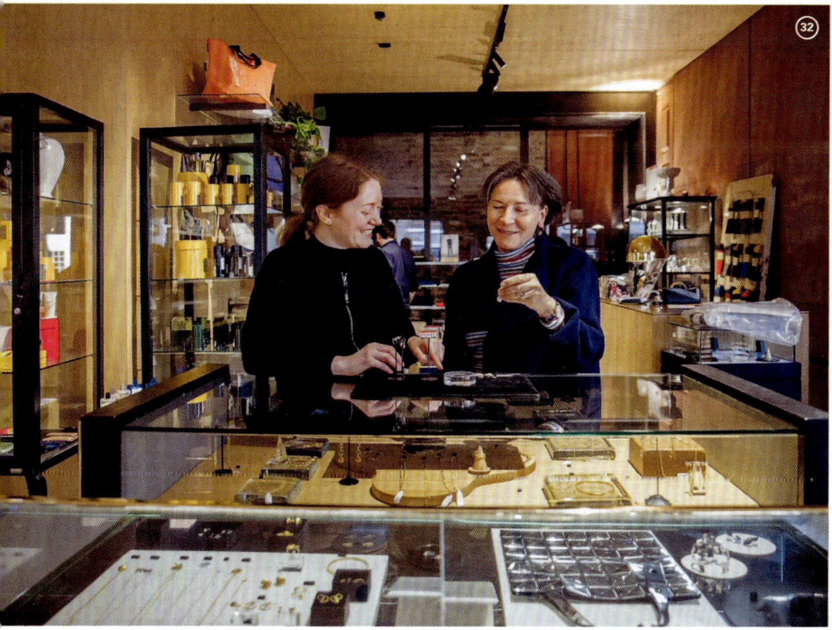
32

Theaterstücke aufgeführt. Auch aufstrebende Theatertalente sind hier willkommen. Wenn du nach der Show noch ein wenig plaudern möchtest, dann ist der **Old Red Lion Pub** die richtige Adresse für ein englisches Bier oder ein Glas Wein.

418 St. John Street, EC1V, www.oldredliontheatre.co.uk, siehe Website für Programm & Preise, U-Bahn Angel

㉒ Mit einer mehr als dreihundertjährigen Geschichte ist **Sadler's Wells** das Tanztheater in London. Alle Formen des Tanzes sind hier vertreten, von modernem Tanz bis Tango, Hip-Hop und Flamenco. Vor allem empfehlenswert für Liebhaber des modernen Tanzes.

Rosebery Avenue, EC1R, www.sadlerswells.com, siehe Website für Programm & Preise, U-Bahn Angel

㉚ Für einen intimen, stimmungsvollen Abend empfiehlt sich für Theaterliebhaber das **Almeida Theatre**. Hier werden vor allem internationale Originalproduktionen mit bekannten und weniger bekannten Schauspielern aufgeführt. Neben dem Theater befindet sich die Almeida Café Bar, in der du vor oder nach der Vorstellung essen kannst. Auf der Speisekarte stehen hauptsächlich britische Klassiker, und es gibt ein Theatermenü.

Almeida Street, N1, www.almeida.co.uk, siehe Website für Öffnungszeiten und Preise, U-Bahn Angel, Highbury & Islington

㊱ Für einen authentischen Filmabend bietet sich **Screen on the Green** an. In diesem gemütlichen, kleinen Theater schaust du dir Filme bequem im Sessel oder Loveseat an. Es werden sowohl Blockbuster als auch alte Klassiker gezeigt.

83 Upper Street, N1, www.everymancinema.com/screen-on-the-green, siehe Website für Zeiten, Preise ab 12 £, U-Bahn Angel

ROUTE 5

MARYLEBONE, REGENT'S PARK & PRIMROSE HILL

INFOS ZUR ROUTE

Die Route beginnt im stimmungsvollen Marylebone. Über die Marylebone High Street läufst du vorbei an einem wunderbaren Einkaufs- und Restaurantangebot. Der zweite Teil bringt dich zu Fuß oder auf dem Rad zum Regent's Park und nach Primrose Hill, wo du frische Luft schnappen kannst. Eine lange, aber abwechslungsreiche Strecke, auf der du zwei gemütliche Stadtteile Londons kennenlernst.

DIE VIERTEL

Marylebone und Primrose Hill sind zwei charmante Viertel mit dörflichem Charakter, mit dem Regent's Park dazwischen.

Marylebone liegt nördlich der Oxford Street und hier wohnen hauptsächlich wohlhabende Doppelverdiener, Expats und Prominente. Dieses Viertel hat die Atmosphäre eines gemütlichen Dorfs, aber mit einem Einkaufs- und Restaurantangebot, um das es andere Stadtteile beneiden. Marylebone High Street und Marylebone Lane bilden den Kern. In den 1960er-Jahren war dies auch ein beliebter Ort für die Beatles; sowohl Paul McCartney als auch John Lennon lebten hier. Andere berühmte Bewohner der Vergangenheit waren Charles Dickens, Jimi Hendrix und der fiktive Detektiv Sherlock Holmes.

Im Norden von Marylebone liegt der **Regent's Park**. Rund um diesen schönen Park liegen stattliche Häuser. Vom Hügel **Primrose Hill** aus hast du einen spektakulären Blick über die Stadt. Primrose Hill ist auch der Name des angrenzenden Wohnviertels. Dies ist eine ziemlich versteckte Ecke von London. Der dörfliche Charakter, die farbenfrohen Fassaden und die Möwen in der Luft schaffen eine entspannte Atmosphäre. Das Herzstück des Stadtteils ist die Re-

BESCHREIBUNG ROUTE 5 (ca. 10,9 km)

Von der U-Bahn-Station Bond Street gehst du die Einkaufsstraße Oxford Street hinunter ❶. Biege vor dem berühmten Kaufhaus Selfridges ❷ links ab. Gehe zurück und biege in die vierte Straße von links ein: die kleine Gasse Gee's Street. Diese führt zum St. Christopher's Place ❸, wo du bereits die einkaufenden Massen hinter dir lässt. Hole dir eine Tasse Kaffee auf dem Platz rechts ❹. Verlasse den St. Christopher's Place, überquere die Straße und gehe durch Jason Court für einen Wein ❺ und biege links in die Marylebone Lane für Schuhe und Delikatessen ein ❻ ❼. Jetzt links in die Hinde Street und rechts zum Manchester Square für Kunst ❽. Laufe zurück und setze deine Route auf der Marylebone Lane für *Health Food* oder *Fish and Chips* ❾ ❿ fort. In der Thayer Street überquere die Straße zur George Street für Kleidung, Accessoires und Geschenke ⓫ oder spaziere in die Blandford Street ⓬ ⓭ und biege rechts in die Chiltern Street ein, um an einem Coffee Stop ⓮ haltzumachen. Gehe zurück zur Thayer Street und links in die Marylebone High Street. Hier kannst du durch Geschäfte bummeln, und vergiss nicht, auch in die Seitenstraßen zu gehen ⓯ ⓰ ⓱. Am Ende der Marylebone High Street, gleich hinter einem Designerladen ⓲, kommst du zur Marylebone Road. Biege dort links ab, und auf der rechten Seite befindet sich ein Konservatorium ⓳. Gehe weiter die Straße hinunter zu einer Kunstgalerie ⓴. Die nächste Straße rechts ist die Baker Street, bekannt durch Sherlock Holmes ㉑. Antiquitätenliebhaber laufen von der Marylebone Road bis zum Lisson Grove. Biege hier ein und nimm die fünfte Straße links, die Church Street. Hinter den Marktständen liegt versteckt das riesige Gebäude von Alfies Antiques Market ㉒. Nun gehe zurück zur Marylebone Road und links durch das York Gate in den Regent's Park ㉓. Im Inner Circle liegen Queen Mary's Gardens und das Freilichttheater ㉔. Für ein leckeres Mittagessen geht es nun direkt hinter dem Gloucester Gate zum Restaurant von Gordon Ramsay ㉕. Spaziere zurück in den Park und biege rechts in den Outer Circle ein, sodass du zum Londoner Zoo ㉖ gelangst. Gehe ein Stück zurück und biege links in den Broad Walk ein, links zur Prince Albert Road und dann in den Primrose Hill Park, wo du eine phänomenale Aussicht genießt ㉗. Wenn du den Park auf der Nordseite verlässt, gelangst du zur Regent's Park Road und in einer Seitenstraße zu mehreren netten Restaurants ㉘ ㉙ ㉚ ㉛ ㉜. Biege am Ende rechts in die Gloucester Avenue ein für weitere Restaurants und Einkaufsadressen ㉝ ㉞ ㉟. Von hier kannst du entlang des Kanals nach Camden laufen.

SEHENSWÜRDIGKEITEN

(8) **The Wallace Collection** ist der breiten Öffentlichkeit nicht bekannt, was einen Besuch nur noch schöner macht. Hier findest du eine beeindruckende Sammlung von Gemälden des 17. Jahrhunderts, Möbel des 18. Jahrhunderts und Kunstgegenstände aller Art. Alle Objekte sind, wie seinerzeit beabsichtigt, in der intimen Atmosphäre des herrschaftlichen Familienhauses ausgestellt, wo sie schon immer standen und hingen. Der geräumige Innenhof bietet einen besonderen Rahmen für einen köstlichen Nachmittagstee.

Manchester Square, W1U, www.wallacecollection.org, tgl. 10.00–17.00 Uhr, Eintritt frei, U-Bahn Bond Street/Baker Street

(19) Das Museum der **Royal Academy of Music** ist ein Paradies für Musikliebhaber. Die ausgestellten Instrumente, Artefakte und Notenblätter werden immer noch aktiv von Mitarbeitern und Studenten der Akademie genutzt. Wer Glück hat, kann ein improvisiertes Konzert besuchen.

Marylebone Road, NW1, www.ram.ac.uk, Mi–So 11.00–17.00 Uhr, Eintritt frei, U-Bahn Baker Street/Regent's Park

(20) Direkt gegenüber vom bekannten Madame Tussauds befindet sich der gigantische unterirdische Hangar der **Ambika P3**. Hier findest du unterschiedliche Kunstwerke, von Installationen bis hin zu Fotografien, die sich in einem riesigen Raum am besten in Szene setzen lassen.

University of Westminster, 35 Marylebone Road, NW1, www.p3exhibitions.com, Di–Fr 11.00–19.00, Sa–So 12.00–18.00 Uhr, Eintritt frei, U-Bahn Baker Street

(21) Das **Sherlock Holmes Museum** ist ein charmantes Museum in einem historischen Herrenhaus in der Baker Street, das sich ganz dem Leben des berühmtesten fiktiven Detektivs der Welt widmet. Im Museum fühlst du dich zurückversetzt in die viktorianische Zeit und erfährst alles über die Figuren aus den Büchern des schottischen Schriftstellers und Arztes Arthur Conan Doyle. Zudem gibt es einen Souvenirladen für eingefleischte Fans.

221b Baker Street, NW1, www.sherlock-holmes.co.uk, Mi–So 10.00–17.00 Uhr, Eintritt 15 £, U-Bahn Baker Street

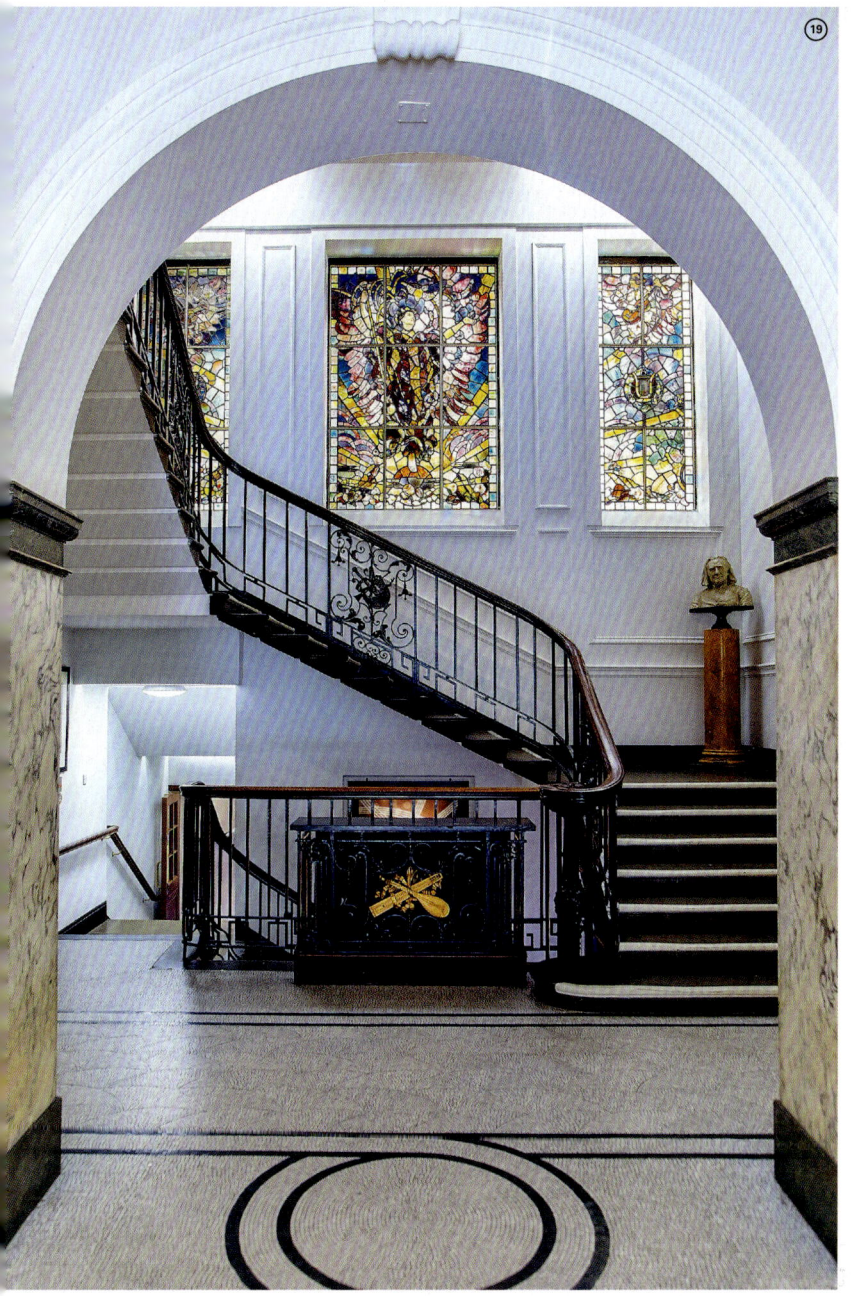

34
MELROSE MORGAN

15

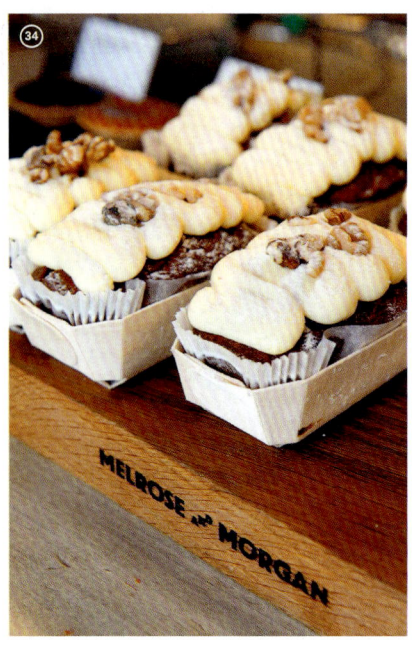

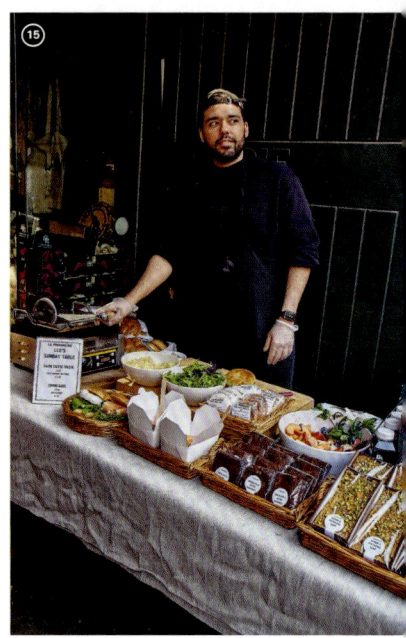

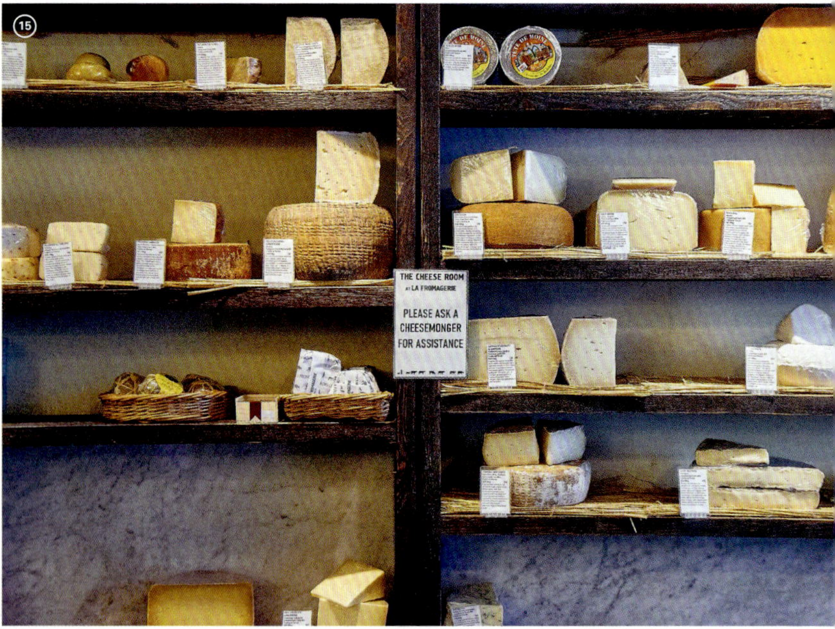
15
THE CHEESE ROOM
AT LA FROMAGERIE
PLEASE ASK A
CHEESEMONGER
FOR ASSISTANCE

ESSEN & TRINKEN

④ Für eine gute Tasse Kaffee gehen die Londoner zu **Workshop Coffee**. Und wo die Locals verweilen, ist es immer gut. Hier wird der Kaffee von einem Team hipper Baristas frisch geröstet. Zum Kaffee gibt es Sandwiches, Croissants und leckeren Kuchen.

1 Barrett Street, W1U, Tel. +44 2072516501, www.workshopcoffee.com, Mo–Fr 8.30–16.30, Sa–So 9.30–17.30 Uhr, Kaffee 3 £, U-Bahn Bond Street

⑤ Ob du zum Wein, zum Abendessen oder zu einer Weinprobe kommst, die Atmosphäre ist im **28-50 Wine Workshop & Kitchen** immer gut. Mit einer Auswahl von über 30 Weinen ist dies ein paradiesischer Ort für Weinliebhaber. Zu jeder Tageszeit eine angenehme Adresse. Es werden auch regelmäßig Workshops und Themenessen angeboten.

15–17 Marylebone Lane, W1U, Tel. +44 2074867922, www.2850.co.uk, Restaurant Mo–Do 8.00–23.30, Fr–Sa 8.00–24.00, So 10.00–22.30, Bar Mo–Do 11.00–23.30, Sa 11.00–24.00, So 12.00–22.30 Uhr, Preis 25 £, U-Bahn Bond Street

⑦ **Paul Rothe & Son** wurde im Jahr 1900 gegründet und ist noch immer im Besitz derselben Familie. Dieses durch und durch englische und köstlich altmodische Feinkostgeschäft/Lokal ist perfekt für ein leckeres Sandwich mit einem einfachen Becher Tee dazu.

35 Marylebone Lane, W1U, Tel. +44 2079356783, Mo–Sa 8.00–16.00 Uhr, Preis ab 3,50 £, U-Bahn Bond Street

⑨ Gesundheitsfreaks aufgepasst: **The Good Life Eatery** ist die erste Adresse für frisch gepressten Saft und *superfood salad*. Beginn den Tag hier mit einem gesunden Frühstück. Wähl zwischen Quinoa-Brei, einem pochierten Ei oder einer Schale Blaubeeren mit Chia-Erdbeerkonfitüre und Mandeldrink. Wer lieber ein traditionelles englisches Frühstück möchte, ist hier vielleicht nicht richtig.

69 Marylebone Lane, W1U, Tel. +44 2074875359, www.goodlifeeatery.com, tgl. 9.00–17.00 Uhr, Frühstück 7 £, U-Bahn Bond Street

⑩ Zu einem Besuch in London gehört eine Portion *Fish and Chips*. Und die schmeckt nirgendwo besser als bei **The Golden Hind**. Diese unscheinbare Kneipe gibt es seit 1914 und sie hat noch immer einen hervorragenden Ruf.
71a–73 Marylebone Lane, W1U, Tel. +44 2074863644, goldenhindrestaurant.com, Mo–Fr 12.00–15.00 & 18.00–22.00, Sa 12.00–22.00, So 12.00–21.00 Uhr, Preis 14,50 £, U-Bahn Bond Street

⑫ Du suchst einen Bio-Supermarkt? Dann bist du bei **Daylesford Organic** genau richtig. Saisonale Produkte und Delikatessen werden täglich von den eigenen Bauernhöfen geliefert. Es werden auch Gerichte zum Mitnehmen angeboten: Bestell frisch zubereiteten Salat, ein Sandwich und Kaffee an der Theke.
6–8 Blandford Street, W1U, Tel. +44 2036966500, www.daylesford.com, Mo 8.00–18.00, Di–So 8.00–20.00, So 10.00–16.00 Uhr, Salat 14,50 £, U-Bahn Baker Street

⑬ Jazz und Cocktails: eine goldene Kombination. Im **Purl** bekommst du garantiert beides. Dies ist eine der ersten *Speakeasy*-Bars in London. Die Bar liegt in einem Keller und es gibt mehrere Ecken und Räume, in denen du einen köstlichen Cocktail oder ein gutes Glas Wein, leckere Snacks und sehr feine Jazzmusik im Hintergrund genießen kannst.
50–54 Blandford Street, W1U, Tel. +44 2079350835, www.purl-london.com, Di–Do 17.00–23.30, Fr–Sa 17.00–0.30 Uhr, Cocktail 12 £, U-Bahn Baker Street

⑭ Der Gründer der Zeitschrift Monocle steht auch hinter dem **Monocle Cafe**. Ein angesagtes Café, in dem man frühstücken, zu Mittag essen und natürlich Kaffee trinken kann. Du kannst dir aber auch einen Kaffee mitnehmen. Vergiss nicht, den gleichnamigen Laden ein Stück weiter in der George Street anzuschauen.
18 Chiltern Street, W1U, Tel. +44 2071352040, cafe.monocle.com, Mo–Fr 7.00–19.00, So 9.00–19.00 Uhr, Kaffee 2,80 £, U-Bahn Baker Street

⑮ Im Käse- und Delikatessengeschäft **La Fromagerie** gibt es einige sehr begehrte Tische. Hier kannst du verschiedene leckere Gerichte aus der täglich wechselnden Speisekarte bestellen. Unbedingt zu empfehlen ist die Käseplatte.
2–6 Moxon Street, W1U, Tel. +44 2079350341, www.lafromagerie.co.uk, Mo–Fr 9.00–19.00, So 10.00–18.00 Uhr, französische Käseplatte mit einem Glas Wein 10 £, U-Bahn Baker Street/Bond Street

* Coffee is serious
business

㉕ In der Bar von Gordon Ramsays Hotel **York & Albany** isst du eine frische Steinofenpizza oder trinkst einen Cocktail, ein Bier oder ein gutes Glas Wein. Wenn du etwas mehr zu Abend essen möchtest, kannst du dir auch von der Speisekarte des Hotelrestaurants etwas bestellen.

127–129 Parkway, NW1, Tel. +44 2075921227, www.gordonramsayrestaurants.com/york-and-albany, Mi 17.00–23.00, Do–Fr 12.00–23.00, Sa 12.00–23.30, So 9.00–19.00 Uhr, Preis 19 £, U-Bahn Camden Town/Mornington Crescent

㉘ **Odette's** ist der Liebling der romantischen Locals. Sowohl das Restaurant als auch die Bar sind sehr stimmungsvoll und die moderne britische Küche ist hervorragend. Dies ist der richtige Ort für ein besonderes Abendessen. Reserviere auf jeden Fall im Voraus.

130 Regent's Park Road, NW1, Tel. +44 2075868569, odettesprimrosehill.com, Mi–Fr 12.00–14.30 & 18.00–21.00, Sa 12.00–14.30 & 18.00–21.30, So 12.00–14.30 & 18.00–21.00 Uhr, Preis 27 £, U-Bahn Chalk Farm

㉙ Naschkatzen aufgepasst – bei **Sweet Things** gibt es die leckersten Cupcakes, Torten und Brownies der Stadt. Dieses Geschäft hat mehrere Preise gewonnen und seine cremigen Schokoladen-Brownies sind *to die for*.

138 Regent's Park Road, NW1, Tel. +44 2077222107, www.sweetthings.biz, Mo–Fr 7.30–17.00, Sa 8.00–17.30, So 8.30–17.30 Uhr, 12 Cupcakes 22,20 £, U-Bahn Chalk Farm

㉚ **Lemonia** ist ein gemütliches Restaurant mit griechischer Speisekarte und bei Londonern beliebt. Wenn du dich nicht entscheiden kannst, bestell die Mezze: Auf deinem Tisch werden sich die leckeren Häppchen stapeln.

89 Regent's Park Road, NW1, Tel. +44 2075867454, www.lemonia.co.uk, Mo–Sa 12.00–15.30 & 17.30–22.30, So 12.00–16.00 Uhr, Preis 16 £, U-Bahn Chalk Farm

㉛ Veganer müssen sich oft mit einer eingeschränkten Auswahl auf der Speisekarte begnügen. Nicht bei **Manna**. Hier stehen köstliche fantasievolle vegane Gerichte auf der Karte. Auch empfehlenswert, wenn du einmal nur pflanzliche Lebensmittel essen möchtest. Am Wochenende wird ein Brunch angeboten.

4 Erskine Road, NW3, Tel. +44 7788835892, www.mannalondon.co.uk, Di–Fr 12.00–15.00 & 18.30–22.00, Sa 12.00–15.00 & 18.00–22.00, So 12.00–19.30 Uhr, Preis 15 £, U-Bahn Chalk Fam

③② **Greenberry Café** ist ein gemütliches Nachbarschaftsrestaurant, zu dem du für eine Tasse Kaffee oder ein gutes Glas Wein, aber auch für einen schnellen Happen oder eine ausgiebige Mahlzeit gehen kannst. Denke an Pilzrisotto oder Hühnerbrust mit griechischem Joghurt und *flatbread*. Um die Mittagszeit ist das Lokal oft voll mit Locals. Wenn es sehr voll ist, kannst du hier nur etwas trinken.
101 Regent's Park Road, NW1, Tel. +44 2074833765, www.greenberrycafe.co.uk, Mo & So 9.00–15.00, Di–So 9.00–22.00 Uhr, Preis 15 £, U-Bahn Chalk Farm

③③ **The Lansdowne** ist ein Lokal im Shabby-Chic-Ambiente und bei den *Yummy Mummies* im Viertel und ihrem Nachwuchs sehr beliebt. Hier kannst du zum Beispiel eine Tarte mit Zwiebeln, Chicorée und Ziegenkäse oder Steak mit Pommes frites bestellen. Auf jeden Fall ist die Atmosphäre immer entspannt. Für Kinder gibt es Pizzen auf der Speisekarte.
90 Gloucester Avenue, NW1, Tel. +44 2074830409, www.thelansdownepub.co.uk, Mo–Sa 12.00–23.00, So 12.00–22.30 Uhr, Preis 16 £, U-Bahn Chalk Farm

③④ **Melrose & Morgan** ist ein Feinkostladen, der dich in Versuchung führen wird, um alle möglichen Gläser und Päckchen mit Leckereien zu kaufen, von denen du bisher nicht wusstest, dass du sie plötzlich absolut nötig hast. Schokolade, luxuriöse Kekse, Müsli, Cracker – sie haben alles da. Im dazugehörigen Café kannst du ein köstliches Frühstück einnehmen oder zu Mittag essen.
42 Gloucester Avenue, NW1, Tel. +44 2077220011, melroseandmorgan.com, tgl. 8.00–19.00 Uhr, U-Bahn Chalk Farm

③⑤ **The Engineer** ist der Ausgangspunkt für deinen *boozy Sunday*. Dann bestellst du dir wie alle Londoner ein Bier und einen traditionellen *Roast* und machst es dir vor dem Herdfeuer gemütlich. So verbringst du den Nachmittag in aller Ruhe! Oft laufen auch Sportwettkämpfe im Fernsehen. Wenn die Sonne scheint, kannst du dich in den Garten setzen.
65 Gloucester Avenue, NW1, Tel. +44 2074831890, theengineerprimrosehill.co.uk, Mo–Sa 12.00–23.00, So 12.00–22.30 Uhr, Sunday Roast 17,50 £, U-Bahn Chalk Farm

SHOPPEN

① Die größte und zweifellos belebteste Einkaufsstraße Europas ist die **Oxford Street**. Hier haben alle großen Ketten ihre Flagshipstores. H&M, & Other Stories, COS, GAP, Zara, Urban Outfitters, Primark, River Island, Uniqlo, John Lewis, Marks & Spencer – hier findest du sie praktisch alle nebeneinander.
Oxford Street, W1, www.oxfordstreet.co.uk, tgl. geöffnet, U-Bahn Marble Arch/
Bond Street/Oxford Circus/Tottenham Court Road

② In der Oxford Street finden sich mehrere Kaufhäuser, aber **Selfridges** ist sicherlich der Liebling der Londoner. Man kann dort Lebensmittel, Designer-kleidung, Schuhe, Make-up, Gadgets, Heimtextilien und vieles mehr kaufen. Zwischen all dem Schönen gibt es auch verschiedene Angebote, um etwas zu essen oder zu trinken.
400 Oxford Street, W1A, www.selfridges.com, Mo–Sa 10.00–21.00,
So 11.30–18.00 Uhr, U-Bahn Bond Street/Marble Arch

⑥ **Tracey Neuls** macht aus einfachen Damenschuhen mit altmodischen Techniken hochmoderne Kunstwerke, abseits aller Trends. Die Einrichtung des Ladens ist sehr speziell; hier steht kein Schuh einfach nur im Schrank.
29 Marylebone Lane, W1U, www.traceyneuls.com, Di–Sa 10.00–18.00 Uhr, U-Bahn Bond Street

⑪ Der Gründer der Zeitschrift **Monocle** steht auch hinter dem gleichnamigen Geschäft. In diesem kleinen Laden gibt es Accessoires, Bücher, Kleidung, Düfte und andere wunderschöne Gadgets von großen Namen wie Comme des Garçons, A Kind of Guise und Delfonics, speziell für Monocle entwickelt. Ein paar Straßen weiter, in der Chiltern Street, liegt das Monocle Cafe, wo du zum Frühstück, Brunch oder späten Mittagessen einkehren kannst.
2a George Street, W1U, www.monocle.com, Mo–Sa 11.00–19.00, So 12.00–18.00 Uhr, U-Bahn Bond Street

⑯ Allein schon wegen des schönen historischen Gebäudes und seiner Atmosphäre musst du unbedingt in den Büchern bei **Daunt Books** stöbern. Sie haben eine ausgezeichnete Sammlung von Reisebüchern.
83 Marylebone High Street, W1U, www.dauntbooks.co.uk, Mo–Sa 9.00–20.00, So 11.00–18.00 Uhr, U-Bahn Baker Street/Bond Street

⑰ Wenn du nach einem tollen Duft suchst, gehe zu **Le Labo**. Hier wird für dich ein Parfüm kreiert. Die Düfte sind vorgegeben, aber die Zutaten werden nach Bedarf vor Ort gemischt, sodass du immer ein frisches Parfüm erhältst. Du kannst zwischen natürlichen Duftstoffen wie Jasmin, Patchouli, Feige und Moschus wählen. Die pflegenden Öle, Cremes und Duftkerzen duften ebenfalls göttlich.
28a Devonshire Street, W1G, www.lelabofragrances.com, Mo–Sa 10.00–18.00, So 12.00–14.30 & 15.00–17.00 Uhr, U-Bahn Baker Street

⑱ Für stilvolle Möbel, Küchengeräte und Geschenke ist **The Conran Shop** ein absoluter Tipp. Du musst schon dein Bestes geben, um hier mit leeren Händen rauszugehen. Im Angebot sind schöne Stühle, Kissen, Vasen, Geschirr, Lampen, Duftkerzen und sogar Parfüms. Im Erdgeschoss liegt The Conran Kitchen, wo du eine Tasse Kaffee mit einem Sandwich oder einem schönen Stück Kuchen genießen kannst.

55 Marylebone High Street, W1U, www.theconranshop.co.uk, Mo–Sa 12.00–19.00, So 12.00–18.00 Uhr, U-Bahn Baker Street

㉒ Für den **Alfies Antique Market** musst du ein wenig von der Route abweichen. Dies ist eine wahre Schatztruhe für alle, die Antiquitäten und Vintage lieben. In diesem riesigen überdachten Labyrinth bieten über hundert Händler ihre Waren an: vom Teelöffel bis zur Anrichte. Tin Tin Collectables ist sehr empfehlenswert für Vintage-Kleidung. Auch ein guter Ort, um Antiquitäten und Kunst aus dem Nahen Osten zu erwerben. Beliebt bei Berühmtheiten wie Kate Moss und Keira Knightley. Und in der Indoor Rooftop Kitchen kannst du ein klassisches englisches Frühstück, ein Mittagessen oder eine Tasse Kaffee bestellen.

13–25 Church Street, NW8, www.alfiesantiques.com, Di–Sa 10.00–18.00 Uhr, U-Bahn Edgware Road/Marylebone

FREIZEITTIPPS

③ Entfliehe dem Einkaufstrubel auf der Oxford Street und entdecke ein Stück weiter den **St. Christopher's Place**. An diesem gemütlichen Platz und an den umliegenden Straßen ist eine Mischung aus originellen Geschäften, Cafés und Restaurants zu Hause. Wolltest du schon immer einen handgefertigten Hut? Den findest du bei **Christys'**. Und **Euphorium** serviert Kaffee und *Pastries*. Neben kleinen Geschäften findest du gleich um die Ecke auch viele britische *Highstreet*-Modemarken wie Reiss, Jigsaw, Whistles und Phase Eight.

St. Christopher's Place, W1U, www.stchristophersplace.com, U-Bahn Bond Street

㉓ **Regent's Park** ist ein wunderschöner Park, in dem man den ganzen Tag verbringen kann. Er ist umgeben von wunderschönen Herrenhäusern und bietet für jeden etwas. Vom Open Air Theatre bis zu den Rosengärten und von der Bootsfahrt bis zu einem Besuch im Londoner Zoo.

Regent's Park, www.royalparks.org.uk/parks/the-regents-park, tgl. ab 5.00 Uhr, U-Bahn Baker Street/ Regent's Park/Camden Town

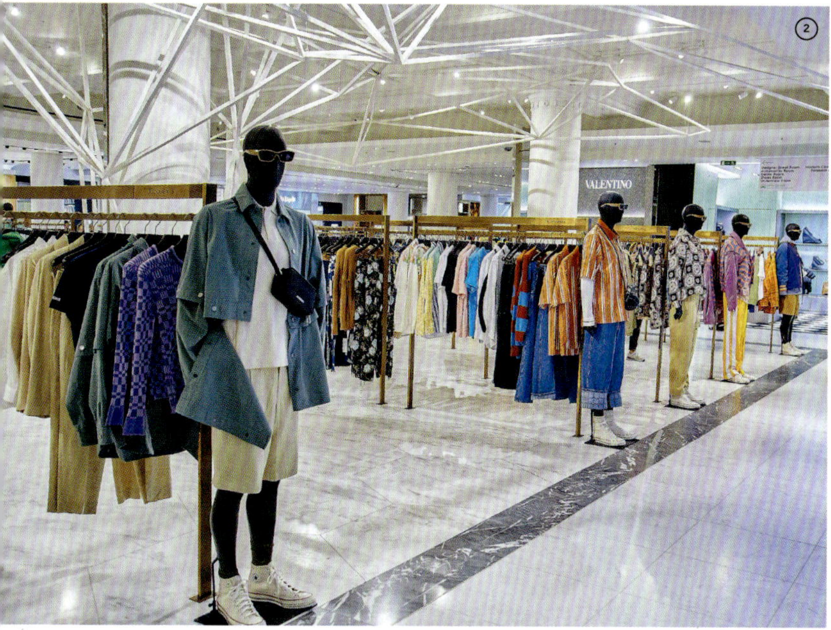
2
VALENTINO

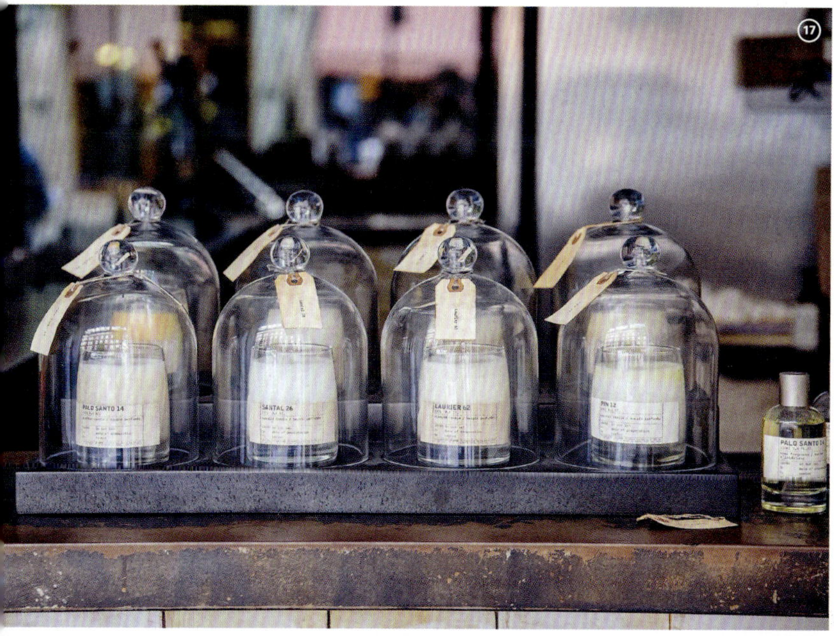
17
PALO SANTO 14
SANTAL 26
LAURIER 62
PIN 12

love is in the air

㉔ Im **Open Air Theatre** kannst du in den Sommermonaten Oper, Ballett und Stücke von Shakespeare erleben. Für die Londoner gehört ein Besuch des Theaters zu einem der Höhepunkte des Sommers.

Regent's Park, NW1, www.openairtheatre.com, Nachmittags- und Abendvorstellungen in den Sommermonaten, Eintritt 25–65 £, U-Bahn Baker Street/Regent's Park

㉖ Wenn du alle Tiere im **London Zoo** sehen möchtest, musst du sicher einen ganzen Tag einplanen. Schließlich gibt es mehr als 12 000 Tiere und 700 Arten zu bewundern, unter anderem im Gorilla Kingdom und am Penguin Beach. Im Sommer organisiert der Zoo Late Night Openings mit Vorführungen, Picknick und einer Silent Disco. Diese Abende sind sehr beliebt, und eine Voranmeldung ist erforderlich.

Regent's Park, NW1, www.zsl.org/zsl-london-zoo, tgl. 10.00–17.00 Uhr, Eintritt 26–35 £, U-Bahn Chalk Farm

㉗ **Primrose Hill** liegt auf der Nordseite des Regent's Park und bietet einen unerwarteten, phänomenalen Blick über London. Oben auf dem Hügel steht ein Schild mit Erklärungen, was man in der Ferne sehen kann. An einem Sommertag kannst du hier inmitten der Locals picknicken. Dieser Ort hat schon in vielen Filmen und Büchern eine Rolle gespielt, darunter in *Bridget Jones – Am Rande des Wahnsinns*.

Primrose Hill, www.royalparks.org.uk/parks/the-regents-park, U-Bahn Chalk Farm

ROUTE 6

KNIGHTSBRIDGE & CHELSEA

INFOS ZUR ROUTE

Diese Route ist ziemlich lang, aber abwechslungsreich. Du läufst vorbei an schönen Geschäften, Cafés und Restaurants, aber der Schwerpunkt liegt auf Kunst und Kultur. Du siehst bedeutende Museen und berühmte Wahrzeichen. Vor allem der erste Abschnitt durch den Hyde Park ist gut geeignet zum Radfahren.

DIE VIERTEL

Einst waren **Knightsbridge** und **Chelsea** zwei grüne Dörfer, die von dem verschmutzten London weit entfernt lagen. Heute sind es zwei schicke Viertel im südwestlichen Teil der Stadt.

In Knightsbridge befinden sich die teuersten Häuser Londons, und es gibt Straßen mit der höchsten Millionärsdichte der Welt. Dies spiegelt sich auch in der Einkaufs- und Gastronomieszene wider. In der **Sloane Street** reiht sich ein teures Geschäft großer Modemarken an das nächste. Auch die berühmten Kaufhäuser **Harrods** und **Harvey Nichols** haben hier ihre Adresse.

Immer mehr Immobilien werden als Investitionen von wohlhabenden Ausländern, häufig aus China und dem Nahen Osten, gekauft. Infolgedessen stehen viele Immobilien leer, da die Eigentümer im Ausland leben. In einigen Vierteln stehen sogar so viele Häuser leer, dass sie auch als Geisterviertel bezeichnet werden.

An Natur und Kultur mangelt es gewiss nicht. Der **Hyde Park** ist einer von Londons größten Stadtparks und ein wunderbarer Ort zum Spazierengehen, Joggen oder Radfahren. Ein weiterer Grund, warum dieses Viertel bei Touristen so beliebt ist, sind die vielen Museen. Drei der besten Museen der Welt sind hier zu finden: das **Natural History Museum**, das **Victoria & Albert Museum** und das **Science Museum**.

BESCHREIBUNG ROUTE 6 (ca. 10,6 km)

Beginn den Spaziergang mit einem Frühstück in South Kensington **1** **2** **3**. Die Exhibition Road führt an drei großen Museen vorbei **4** **5** **6**. Biege links in die Prince Consort Road und dann rechts zur Royal Albert Hall **7**. Gehe rechts daran vorbei und weiter über die Kensington Road zum Hyde Park **8**. Spaziere durch den Park auf der linken Seite zum Kensington Palace **9** und über den Mount Walk zur Serpentine Gallery **10**. Der Weg entlang der Uferpromenade lädt zu einem Zwischenstopp ein **11**. Wenn du den Park in südlicher Richtung verlässt, gelangst du über das Albert Gate nach Knightsbridge. Biege hier links ab und genieß einen besonderen Nachmittagstee in einem eleganten Hotel **12** oder laufe direkt zu zwei berühmten Kaufhäusern **13** **14**. Dann gehe zur schicken Einkaufsstraße Sloane Street (neben Harvey Nichols) **15**. Für eine vegane Essenspause **16** biege rechts in den Hans Crescent. Oder spaziere auf der Sloane Street weiter und biege links in den Cadogan Place und die Lowndes Street. Gehe nun links und sofort rechts zu einem japanisch-skandinavischen Kaufhaus **17** oder nach rechts und sofort links zu einem gesunden Restaurant **18**. Laufe zurück und setze deinen Einkaufsbummel in der Sloane Street fort. Biege dann rechts in die Cadogan Gardens und sofort links in die Pavilion Road. Auch hier kannst du eine Pause einlegen **19** **20**. In der Symons Street biege rechts ab und entdecke einen Laden, in dem du alles für Bett und Bad bekommst **21**. Oder biege links und dann sofort wieder links in die Sloane Street ein, um dann nach rechts über die Sloane Terrace zur Cadogan Hall **22** zu laufen. Dann biege rechts in die Sedding Street ein und gehe zum Sloane Square **23** **24**. Spaziere über den Platz zur berühmten King's Road und gehe sofort links zum gemütlichen Duke of York Square **25**, wo an Samstagen ein Lebensmittelmarkt stattfindet **26**. Biege links ab, um die Saatchi Gallery **27** zu besuchen. Zurück auf der King's Road findest du in der Blanklands Terrace eine schöne Buchhandlung **28**. Spaziere die King's Road hinunter, um weiter einzukaufen **29**. Auf dem Weg dorthin kannst du links in die Flood Street und wieder links in die Royal Hospital Road zu einem geheimen Ort **30** gehen. Zurück auf der King's Road beende den Spaziergang mit einem Blick in das letzte Geschäft **31** auf der Route oder mit einem Getränk oder Essen **32** **33** **34**.

SEHENSWÜRDIGKEITEN

④ Das **Victoria & Albert Museum** ist ein fantastisches Museum für alles, was im weitesten Sinne mit Design und Kunst zu tun hat. Mode, Architektur, Fotografie, Möbel, Glas, Keramik, alles findet sich dort. Und zwar über einen Zeitraum von dreitausend Jahren. Neben der ständigen Sammlung gibt es auch hervorragende Wechselausstellungen. Besuch unbedingt den Museumsshop und den Innenhof zum Nachmittagstee.

Cromwell Road/Exhibition Road, SW7, www.vam.ac.uk, Mo–Do & Sa 10.00–17.45, Fr 10.00–22.00 Uhr, Eintritt ständige Ausstellungen frei, U-Bahn South Kensington

⑤ Dinosaurier, Vulkane, Fossilien, Felsen und viel andere Tiere sind im **Natural History Museum** zu bestaunen. Dieses Museum befindet sich in einem riesigen Gebäude und bietet großartige Ausstellungen. Speziell für Kinder gibt es viel zu erleben und zu entdecken.

Cromwell Road/Exhibition Road, SW7, www.nhm.ac.uk, tgl. 10.00–17.50 Uhr, Eintritt ständige Ausstellungen frei, U-Bahn South Kensington

⑥ Das **Science Museum** befasst sich mit der Geschichte der Wissenschaft, von der Raumfahrt bis zur Medizin. Es geht mit der Zeit und behandelt auch die neuesten digitalen Technologien. Für Kinder werden lehrreiche und unterhaltsame Aktivitäten organisiert.

Exhibition Road, SW7, www.sciencemuseum.org.uk, tgl. 10.00–18.00 Uhr, Eintritt ständige Ausstellungen frei, U-Bahn South Kensington

⑨ **Kensington Palace** ist der Geburtsort von Königin Victoria und der Palast, in dem Diana und Charles lebten; heute ist es größtenteils das Zuhause der Familie von William und Kate. Mit anderen Worten, ein besonderer Ort für Fans der königlichen Familie. Im öffentlich zugänglichen Teil des Palasts werden Führungen und Ausstellungen angeboten.

Kensington Gardens, W8, www.hrp.org.uk/kensingtonpalace, Mi–So 10.00–18.00 Uhr, Eintritt 20 £, U-Bahn High Street Kensington/Queensway

⑩ In der **Serpentine Gallery** im Hyde Park finden wechselnde Ausstellungen mit hochkarätiger moderner Kunst statt. Jeden Samstag kannst du hier kosten-

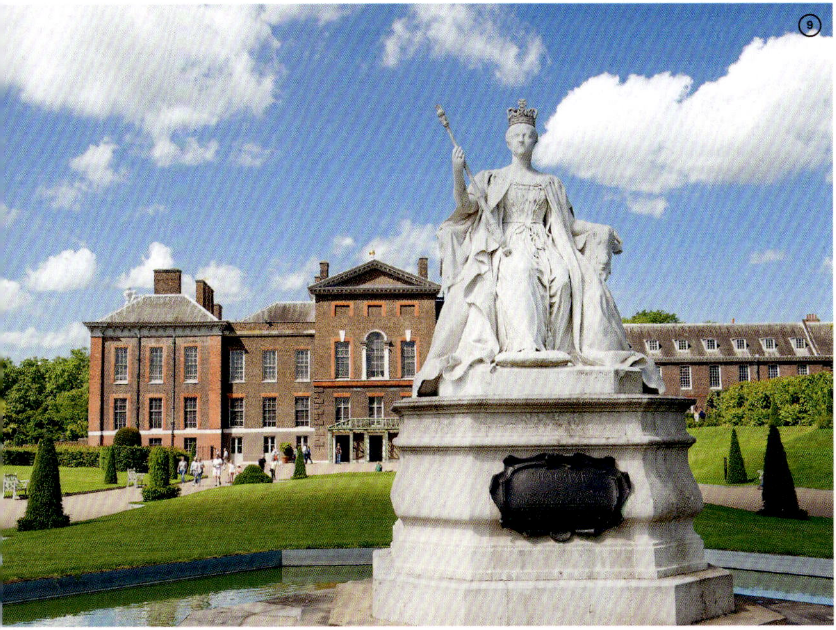
9

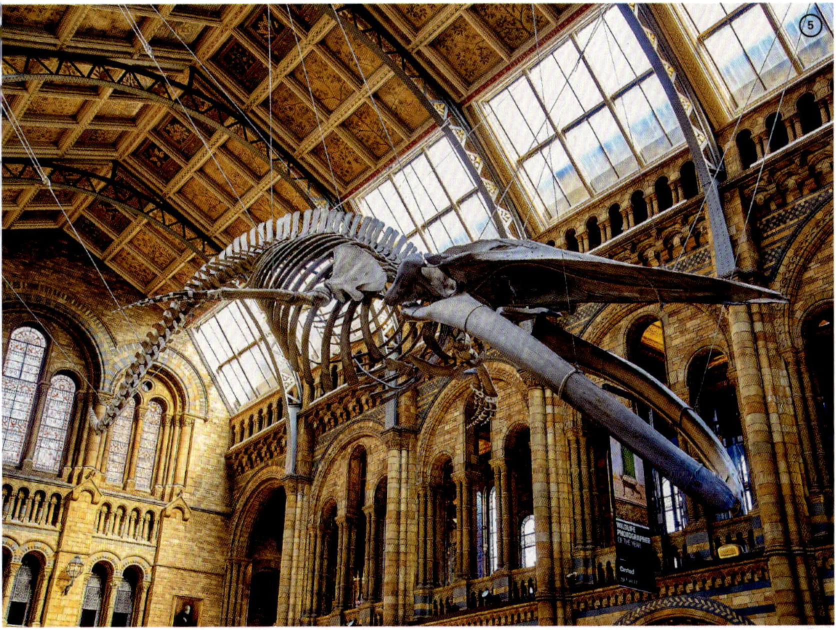
5
WILDLIFE PHOTOGRAPHER OF THE YEAR

Cocktails!!

ESPRESSO 2.30
PICCOLO 2.30
STUMPY 2.60
LATTE 2.60
BLACK COFFEE 2.30

BOLOGNA/MOZZARELLA 5.50

lose Seminare und Vorträge besuchen, passend zu den aktuellen Ausstellungen. Der dazugehörige Laden führt ein gutes Angebot an Kunstbüchern.

Kensington Gardens, W2, www.serpentinegalleries.org, Di–So 10.00–18.00 Uhr, Eintritt frei, U-Bahn South Kensington/Knightsbridge/Lancaster Gate

㉗ Magst du moderne Kunst? Dann solltest du unbedingt die riesige **Saatchi Gallery** besuchen, in der ständig wechselnde Ausstellungen mit Werken unbekannter Talente zu bewundern sind, aber auch bekannte Künstler, die im Vereinigten Königreich noch nie gezeigt wurden.

Duke of York's Hq, King's Road, SW3, www.saatchi-gallery.co.uk, tgl. 10.00–18.00 Uhr, siehe Website für Preise, U-Bahn Sloane Square

ESSEN & TRINKEN

① In **Muriel's Kitchen** kannst du zum Frühstück, Brunch, Mittagessen und für eine leckere Tasse Kaffee oder Tee Platz nehmen. Auch für ein Glas Wein oder ein Abendessen ist es eine gute Adresse. An den Wochenenden ist es oft voll.

1–3 Pelham Street, Sw7, Tel. +44 2075893511, www.murielskitchen.co.uk, Mo–Di & So 9.00–17.00, Mi–Sa 9.00–22.00 Uhr, Preis 12 £, U-Bahn South Kensington

② **Gail's Bakery** ist eine gemütliche Bäckerei und zugleich ein *All Day Breakfast Spot*. Bestell ein Croissant, ein frisch zubereitetes Sandwich, einen hausgemachten Salat oder ein köstliches Gebäckstück zum Kaffee oder Tee.

45 Thurloe Street, SW7, Tel. +44 2075842152, www.gailsbread.co.uk, Mo–So 7.30–16.30, So 8.00–16.30 Uhr, U-Bahn South Kensington

③ An tollen Cafés herrscht in London kein Mangel, aber **Fernandez & Wells** ist der Favorit. Bestell einen kräftigen Espresso mit einem frischen Sandwich oder lass dich hier zur Cocktailzeit nieder und genieß ein Glas Wein und eine wohlverdiente Käseplatte. Ideal für eine Erholungspause nach einem Museumsbesuch.

8 Exhibition Road, SW7, Tel. +44 2075897473, www.fernandezandwells.com, Mo–Sa 8.00–21.00, So 9.00–18.00 Uhr, Sandwich 7,50 £, U-Bahn South Kensington

⑪ **Serpentine Bar & Kitchen** ist ein schönes Café am See im Hyde Park. Ein netter Fleck, um den Tag mit einem Frühstück zu beginnen. Oder du nimmst ein paar Leckereien für ein Picknick im Park mit!
Serpentine Road, Hyde Park, W2, Tel. +44 2077068114, serpentinebarandkitchen.com, Mo–Fr 8.00–16.00, Sa–So 8.00–17.00 Uhr, Frühstück 9 £, U-Bahn Knightsbridge

⑫ **The Berkeley** ist ein prachtvolles Hotel mit einem Pool auf dem Dach. Überraschend ist hier der Haute-Couture-Nachmittagstee im Collins Room. Dieser *Prêt-à-Portea* passt sich alle sechs Monate den neuesten Modetrends an. Es gibt beispielsweise Kuchen und Kekse in Form von Handtaschen und Schuhen. Spektakulär für alle modebewussten Typen.
Wilton Place, SW1X, Tel. +44 2072356000, www.the-berkeley.co.uk, Prêt-à-Portea tgl. 13.00–17.30 Uhr, Prêt-à-Portea 79 £, U-Bahn Knightsbridge/Hyde Park Corner

⑯ Der Name **Holy Carrot** (heilige Karotte) lässt schon erahnen, welche Art von Essen in diesem Restaurant serviert wird: Das Menü ist pflanzenbasiert. Aber die Gerichte sind auch frei von Gluten, Zucker und Konservierungsstoffen. Der *Afternoon Tea* ist hier übrigens vorzüglich. Eine perfekte Adresse für ein romantisches Date oder ein gemütliches Treffen mit Freundinnen am Nachmittag. Holy Carrot befindet sich in einem Schönheitssalon und du kannst in diesem Gebäude auch eine Schönheitsbehandlung buchen.
Urban Retreat, 2–4 Hans Crescent, SW1X, Tel. +44 2038970404, holycarrot.co.uk, Di–Sa 12.00–22.00 Uhr, Afternoon Tea ab 40 £, U-Bahn Knightsbridge

⑱ Ob du ein komplettes Frühstück oder nur eine Tasse Kaffee mit einer Leckerei möchtest: **Farm Girl** ist ein Frühstücks-, Brunch- und Lunch-Hotspot par excellence. Beliebt sind Granola, Avocado-Toast und die frischen Salate. Das australische Duo Rose Mann und Anthony Hood eröffneten 2015 ihr erstes Lokal in der Portobello Road und seitdem sind bereits fünf Filialen in der Stadt hinzugekommen. Dieses Café ist der neueste Standort.
8 West Halkin Street, SW1X, www.thefarmgirl.co.uk, Mo–Mi & Sa 9.00–19.00, Do–Fr 9.00–20.00, So 12.00–18.00 Uhr, Kaffee mit Leckerei 7 £, U-Bahn Knightsbridge

㉙ Dass veganes Essen alles andere als langweilig ist, beweisen **Wulf and Lamb**. Hier wird vegane Hausmannskost mit Pfiff serviert. Besonders beliebt sind die veganen Mac 'n' Cheese und Burger, aber es gibt auch supergesunde Salate auf der Karte. Hier bekommst du Frühstück, Mittagessen, Brunch und Abendessen!
243 Pavilion Road, SW1X, Tel. +44 2039485999, www.wulfandlamb.com, Mo–Di 9.00–21.00, Mi–Sa 8.00–22.00, So 9.00–21.00 Uhr, Preis 16 £, U-Bahn Sloane Square

㉚ Du möchtest dich bei einer Tasse Kaffee und einem Stück Kuchen oder einem leckeren Sandwich entspannen? Das geht bei **The Roasting Party**. Du kannst im ersten Stock perfekt arbeiten oder in aller Ruhe ein Buch lesen. Und wenn du lieber weiter einkaufen möchtest, bestell einfach einen *Coffee to go*.
253 Pavilion Road, SW1X, Tel. +44 2077306655, www.theroastingparty.co.uk, Mo–Fr 7.30–17.00, Sa 9.00–17.00, So 9.00–16.00 Uhr, Kaffee 3 £, U-Bahn Sloane Square

㉓ Mittagessen, Nachmittagstee, Abendessen, kleinere Snacks und Cocktails: Im **The Botanist** kannst du das durchgehend bestellen. Hier geht es mindestens genauso sehr ums Sehen und Gesehenwerden wie um die Speisekarte. Wirf einen Blick auf den absoluten Hingucker im Restaurant: eine handbemalte Glaswand mit naturgeschichtlichen Motiven.
7 Sloane Square, SW1W, Tel. +44 2077300077, thebotanistonsloanesquare.com, Mo–Do & Sa 11.00–23.00, Fr 11–1.00, So 11.00–22.00 Uhr, Preis 20 £, U-Bahn Sloane Square

㉜ Wer Lust auf ein Bier hat, sollte dies in der King's Road im **The Cadogan Arms** trinken. Du kannst hier auch zum Abendessen bleiben. Die Speisekarte bietet hervorragende Gerichte und viele englische Klassiker wie *Fish and Chips*, aber auch Burger, Muscheln oder ein vegetarisches Curry. Oder mach es wie die Londoner und entscheide dich für einen traditionellen *Sunday Roast*. Das Lokal wurde kürzlich renoviert und sieht wieder prachtvoll aus. Im Inneren gibt es eine dekorative Holzdecke und du kannst deinen Drink an einer langen Theke trinken, die ebenso schön verziert ist.
298 King's Road, SW3, Tel. +44 2031482630, www.thecadoganarms.london, Mo–Do 12.00–23.00, Fr–Sa 12.00–24.00, So 12.00–21.00 Uhr, Preis 18 £, U-Bahn Sloane Square

㉝ Eine Cocktailbar mit Charakter und auffallend gemütlicher Einrichtung. Der Service in der **Callooh Callay Bar** ist sehr freundlich und es werden leckere Cocktails serviert. Auf der Speisekarte stehen Klassiker, aber auch originelle Kombinationen mit Londoner Gin, verschiedene Liköre oder Wodka und man kann auch *Bar Bites* bestellen.

316–318 King's Road, SW3, Tel. +44 2077394781, calloohcallaybar-chelsea.com, tgl. 18.00–1.00 Uhr, Cocktail 14 £, U-Bahn Sloane Square

㉞ Für ein gemütliches Mittag- oder Abendessen mit Freunden und Familie ist das **Bluebird** genau das Richtige. Wenn die Sonne scheint, kannst du dein Getränk im Freien genießen und auf der Terrasse speisen. Die Speisekarte ist voll von Klassikern und bietet für jeden etwas: von Lamm über Kabeljau bis hin zu Artischocken und Spaghetti mit Hummer. Der *Afternoon Tea* ist sehr zu empfehlen, aber man sollte im Voraus reservieren.

350 King's Road, SW3, Tel.+44 2075591000, www.bluebird-restaurant.co.uk, Mo–So 9.00–22.00 Uhr, Preis 30 £, U-Bahn Sloane Square

SHOPPEN

⑬ Fashionistas kaufen im Kaufhaus **Harvey Nichols** ein, wo sie alle bekannten exklusiven Modemarken antreffen. Die fünfte Etage ist komplett für einen Feinkostladen, Restaurants und eine sehr schöne Terrasse reserviert.

109–125 Knightsbridge, SW1X, www.harveynichols.com, Mo–Sa 10.00–20.00, So 11.30–18.00 Uhr, U-Bahn Knightsbridge

⑭ Londons berühmteste Shoppingattraktion ist zweifelsohne das riesige Kaufhaus **Harrods**. Es ist vor allem für seine Delikatessenabteilung bekannt, aber es gibt noch viel mehr als einfach gutes Essen. Mode, Möbel, Kosmetik, Taschen, Spielzeug ... du hast die Wahl. Und alles ist echter Luxus. Hier sieht man übrigens mehr Touristen als Londoner. Typisch britisch: Harrods ist auch für seine große und extravagante Weihnachtsabteilung bekannt. Ab August kannst du dich mit Deko für den Tannenbaum eindecken.

87–135 Brompton Road, SW1X, www.harrods.com, Mo–Mi 11.00–19.00, Do–So 11.00–20.00, So 11.30–18.00 Uhr, U-Bahn Knightsbridge

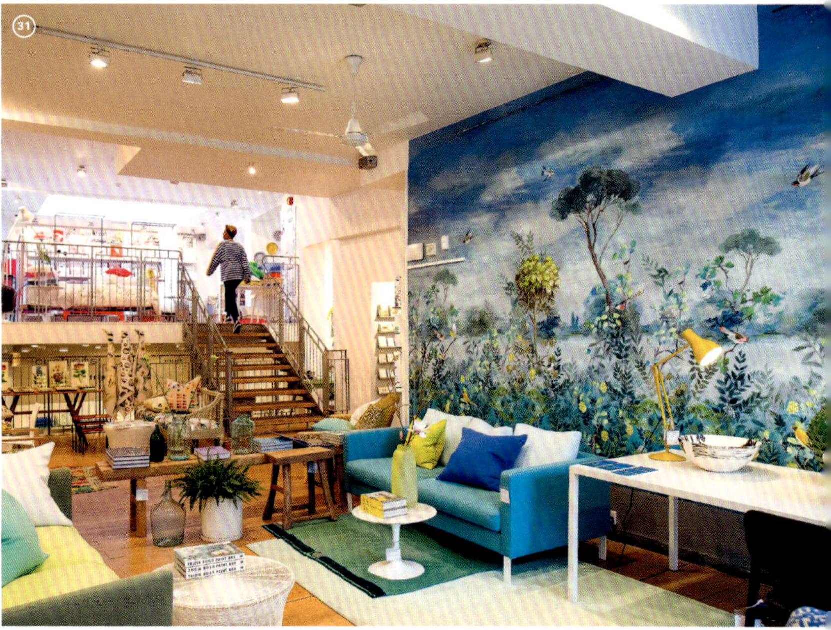
31

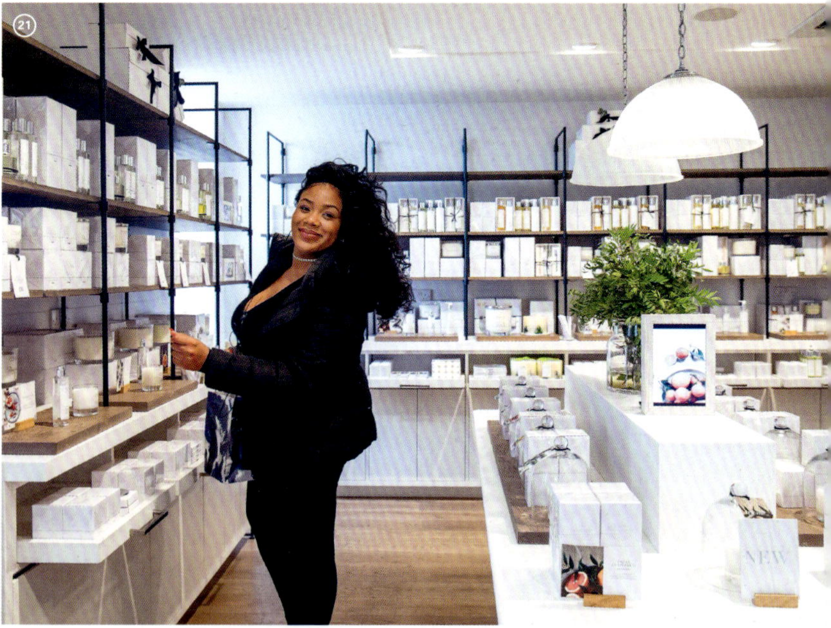
21

(15) **Sloane Street** ist eine extrem teure Einkaufsstraße mit exklusiven Geschäften wie Chloe, Cartier, Gucci, Louis Vuitton, Chanel und Valentino. Wenn diese Marken dich interessieren, dann schau auch in der Old und New Bond Street.
Sloane Street, SW1, www.sloanestreet.co.uk, Mo–Sa 10.00–18.00 Uhr,
U-Bahn Knightsbridge/Sloane Square

(17) Japandi-Fans aufgepasst! Für wunderschöne japanische und skandinavische Outfits, Gadgets, Designartikel und Wohnaccessoires gehst du zu **Pantechnicon**. Hier findest du auch trendige Cafés und Restaurants, die sowohl japanische als auch skandinavische Küche servieren, wie zum Beispiel das berühmte Café Kitsune.
19 Motcomb Street, SW1X, www.pantechnicon.com, Mo–Fr 8.00–24.00,
Sa 9.00–24.00, So 9.00–23.00 Uhr, U-Bahn Knightsbridge

(21) **The White Company** ist empfehlenswert für alles rund um Bett und Bad. Herrliche Pyjamas, Bademäntel, Hausschuhe sowie Bettzeug, Toilettenartikel, Wohnaccessoires, Kleidung und Spielzeug für die Kleinen.
4 Symons Street, SW3, www.thewhitecompany.com, Mo–Sa 10.00–19.00,
So 11.30–17.30 Uhr, U-Bahn Sloane Square

(28) **John Sandoe Books** ist Londons beste unabhängige Literaturbuchhandlung. Perfekt, um wahllos zwischen Bücherstapeln zu stöbern, aber auch sehr gut geeignet, um das Buch zu finden, nach dem man schon lange sucht.
10 Blacklands Terrace, SW3, www.johnsandoe.com, Mo–Sa 9.30–17.30,
So 11.00–17.00 Uhr, U-Bahn Sloane Square

(29) **Anthropologie**, bekannt aus den USA, hat auch London erobert. Das Geschäft in der King's Road war eine der ersten europäischen Filialen und wurde von den Londonern mit Begeisterung aufgenommen. Das prächtige Gebäude, das früher Antiquitätenhändler beherbergte, bietet heute eine außergewöhnliche Kollektion von Damenbekleidung, Accessoires und Gadgets. Außerdem gibt es Filialen in der Regent Street, in der Marylebone High Street und im Old Spitalfields Market.
131–141 King's Road, SW3, www.anthropologie.eu, Mo–Sa 10.00–19.00,
So 12.00–18.00 Uhr, U-Bahn Sloane Square/South Kensington

㉛ **Designers Guild**, bekannt für seine farbenfrohen Stoffe, hat hier ein wunderbares Ladenlokal, in dem die gesamte Kollektion ausgestellt ist. Hier findest du Handtücher, Möbel, Bettzeug, Geschirr, Kissen, Tapetenrollen und Hunderte von Stoffen. Da fällt die Auswahl schwer.

267–277 King's Road, SW3, www.designersguild.com, Mo–Sa 10.00–18.00 Uhr, U-Bahn South Kensington/Sloane Square

FREIZEITTIPPS

⑦ In der beeindruckenden **Royal Albert Hall** kannst du Konzerte aller Art hören und große Ballettaufführungen sehen. Viele große Stars wie Adele, Coldplay, Elton John und Sting sind hier bereits aufgetreten. Die jährliche Reihe klassischer Konzerte The Proms ist sehr beliebt. Buche also am besten frühzeitig.

Kensington Gore, SW7, www.royalalberthall.com, siehe Website für Programm und Preise, U-Bahn South Kensington

⑧ Der **Hyde Park** ist eine riesige Grünfläche, auf der man Schlittschuh laufen, Rad fahren, reiten, wandern und picknicken kann. Oder man mietet einen der vielen Liegestühle. In dem See in der Mitte, The Serpentine, tummeln sich Schwäne, Enten und andere Wasservögel. Hier kannst du schwimmen und ein Ruderboot mieten. Auf der nordöstlichen Seite des Hyde Parks kann sich am Speaker's Corner seit 1872 jeder auf eine Kiste stellen und seine Meinung kundtun. Alles ist möglich und alles ist erlaubt. Wenn du mit Kindern unterwegs bist, solltest du den Diana Princess of Wales Memorial Playground nicht verpassen. Es ist ein riesiges Spielparadies mit Piratenschiff und Zeltlager.

Hyde Park, www.royalparks.org.uk/parks/hyde-park, tgl. 5.00–24.00 Uhr, Eintritt frei, U-Bahn Hyde Park Corner/Knightsbridge

㉒ **Cadogan Hall** ist ein Konzertsaal, in dem jährlich über dreihundert Konzerte und Veranstaltungen stattfinden. Hauptsächlich klassische Musikkonzerte, darunter die *BBC Proms* für Kammermusik. Dieser Saal ist auch der Sitz des Royal Philharmonic Orchestra.

5 Sloane Terrace, SW1X, www.cadoganhall.com, siehe Website für Programm und Preise, U-Bahn Sloane Square

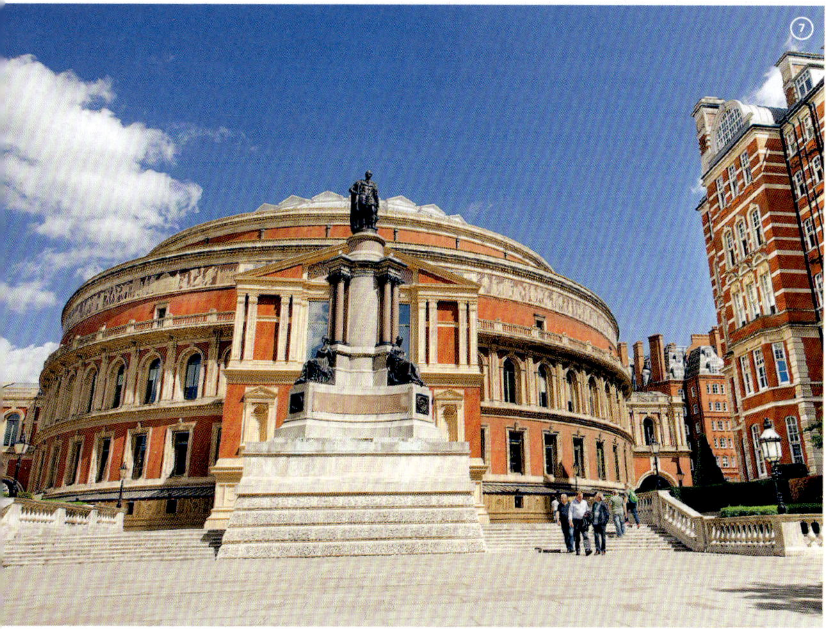
7

24
ROYALCOU
COME IN
319

25
RTRIDGES

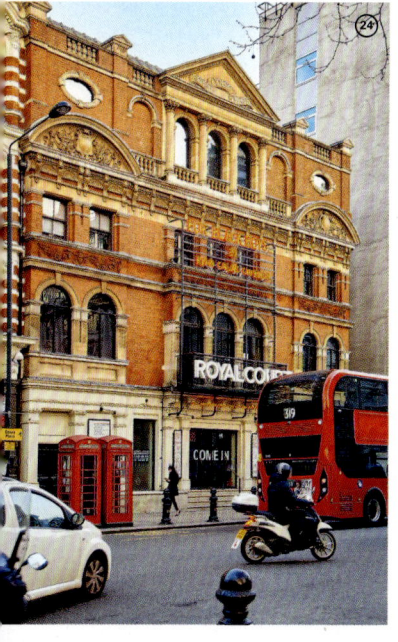

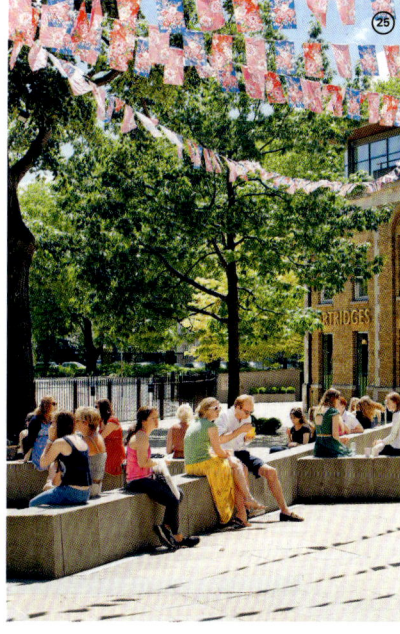

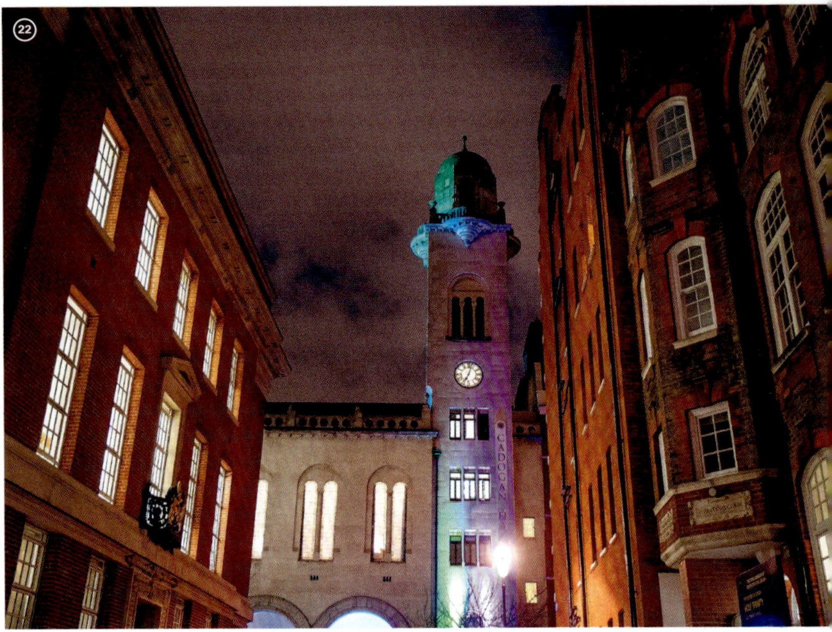
22

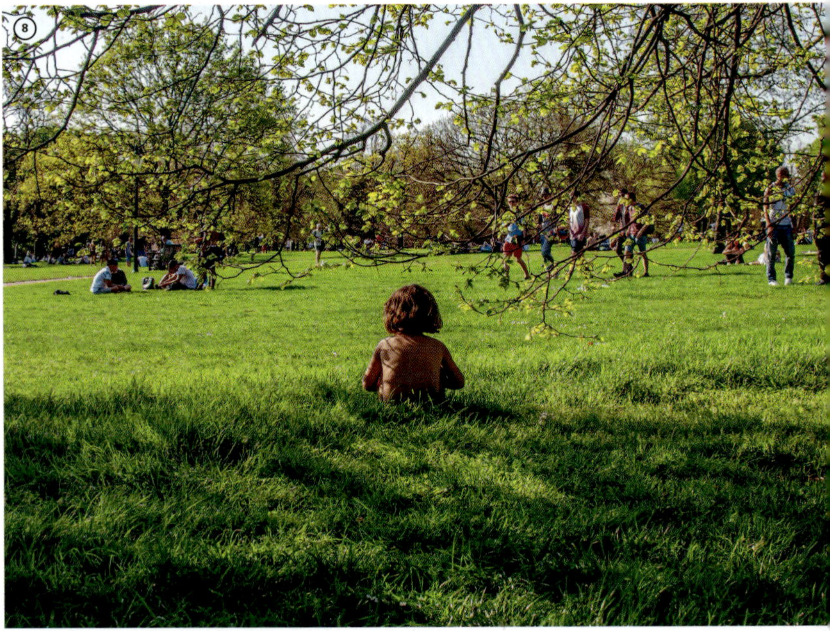
8

㉔ Das **Royal Court Theatre** ist bekannt für spannende Aufführungen von höchster Qualität. Neue Autoren und Stücke erhalten hier eine Chance. Theater-Liebhaber sollten unbedingt auf der Website nachsehen, was gespielt wird.
Sloane Square, SW1W, www.royalcourttheatre.com, siehe Website für Programm, Eintrittskarte 12–45 £, Mo 12 £, U-Bahn Sloane Square

㉕ Der autofreie **Duke of York Square** ist ein unerwarteter Ort der Ruhe, um auf einer der Terrassen Platz zu nehmen. Du kannst hier auch essen und einkaufen. **Crumbs & Doilies** empfiehlt sich für Leckerbissen und **Polpo** für Mittagoder Abendessen. Zu den Geschäften gehören Boutiquen und größere Läden. **Taschen** ist empfehlenswert für schöne Bücher, **Monica Vinader** für stilvollen Schmuck und **Trotters** für tolle Kinderkleidung.
Duke of York Square, SW3, www.dukeofyorksquare.com, tgl. geöffnet, U-Bahn Sloane Square

㉖ **Partridges Food Market** ist ein geschäftiger, freundlicher Lebensmittelmarkt, auf dem du jeden Samstag probieren und kaufen kannst. Brot, Fisch und Käse aus der Region, aber auch Sushi, Crêpes und italienische Oliven: Es ist für jeden etwas Leckeres dabei. Seit seiner Eröffnung 2005 hat sich der Markt enorm vergrößert und umfasst inzwischen mehr als siebzig Stände.
Duke of York Square, SW3, www.partridges.co.uk/foodmarket, Sa 10.00–16.00 Uhr, U-Bahn Sloane Square

㉚ Den **Chelsea Physic Garden** gibt es bereits seit 1673, aber die medizinischen und seltenen Pflanzen wachsen dort noch heute in Hülle und Fülle. Dieser „geheime Ort" ist perfekt, um dem hektischen London für eine Weile zu entkommen. Im zum Garten gehörenden **Tangerine Dream Café** kannst du Getränke und kleine Gerichte bestellen, aber vor allem ist es der ideale Ort für den *Afternoon Tea*.
66 Royal Hospital Road, SW3, www.chelseaphysicgarden.co.uk, Mo–Do & So 10.00–16.00, Fr 11.00–16.00 Uhr, Eintritt 9,50 £, U-Bahn Sloane Square

WAS ES SONST NOCH GIBT

Auf den Routen in diesem Führer kommst du automatisch an den wichtigsten Highlights der Stadt vorbei. Doch es gibt eine Reihe von Orten und Sehenswürdigkeiten außerhalb dieser Routen, die auch einen Besuch wert sind. Beachte, dass einige vom Stadtzentrum nur schwer zu Fuß zu erreichen sind, aber mit öffentlichen Verkehrsmitteln gelangst du gut dorthin.

(A) **Covent Garden** wird oft auch als The Entertainment Centre of London bezeichnet. Neben Touristen prägen Straßenkünstler das Straßenbild. Diese Künstler mussten zuvor vorsprechen oder vorspielen, um hier auftreten zu dürfen, daher ist das Niveau hoch. Das **London Transport Museum** und das **Royal Opera House** sowie Dutzende Gastronomiebetriebe und Theater sind hier zu finden. Das Einkaufsangebot ist riesig. In der Floral Street gibt es vor allem Bekleidungsgeschäfte; in der Neal Street werden junge Leute sicherlich fündig und bei Neal's Yard kommen Vegetarier voll auf ihre Kosten.

Covent Garden, WC2, www.coventgarden.london, U-Bahn Covent Garden

(B) Mit mehr als fünf Millionen Besuchern pro Jahr ist das **British Museum** Londons meistbesuchte Attraktion. Das Museum ist unübertroffen. Hier findet man unter anderem umfangreiche ägyptische und asiatische Sammlungen, aber auch eine riesige Sammlung griechischer und römischer Kunst.

Great Russell Street, WC1B, www.britishmuseum.org, Mo–Do & Sa–So 10.00–17.00, Fr 10.00–20.30 Uhr, Eintritt ständige Sammlung frei, U-Bahn Tottenham Court Road/ Holborn

(C) **Camden Town** ist ein pulsierender, alternativer Stadtteil in London. Eine beliebte Attraktion ist **Camden Market**, aber dieser Bezirk ist vor allem als Geburtsstätte der alternativen Musikbewegungen wie Punk und Rock bekannt. Das Nachtleben spielt sich in den Clubs, Konzertsälen und Pubs in und um die **Camden High Street** ab. Im **Koko** und im **Roundhouse** treten Stars und bekannte Bands auf. Camden Town ist voll von Vintage-Läden, Ständen mit alternativer Kleidung, Straßenmusikern und Streetfood. Amy Winehouse lebte in dieser Gegend; in der Chalk Farm Road steht eine Bronzestatue der britischen Sängerin.

www.camdenmarket.com, Markt tgl. ab 10.00 Uhr, U-Bahn Camden Town

ⓓ **Notting Hill** ist seit dem gleichnamigen Film beliebter denn je. Hierher kommst du nicht wegen der Kultur, sondern wegen der tollen Atmosphäre. Hier findest du jede Menge großartiger Geschäfte und Restaurants, zum Beispiel im Westbourne Grove. Besuch den berühmten **Portobello Road Market**. Schnäppchen wirst du keine machen, aber der Markt ist echt ein Erlebnis. Das Angebot variiert von Tag zu Tag. Antiquitäten werden nur samstags angeboten, wenn der Markt am größten ist. Je weiter du an den Rand des Markts kommst, desto origineller ist das Angebot. Lass dich also nicht von der etwas heruntergekommenen Eisenbahnbrücke abschrecken.

Portobello Road, W11, www.thehill.co.uk, Markt Mo–Mi & Sa 8.00–18.30, Do 8.00–13.00 Uhr, U-Bahn Notting Hill Gate/Ladbroke Grove

ⓔ Viele Londoner fahren nach **Greenwich**, wenn sie der Hektik des Stadtzentrums entfliehen wollen. Es liegt direkt an der Themse und erinnert an ein Dorf am Meer. Besonders stimmungsvoll ist die Anreise per Boot. Einmal angekommen, kannst du über die Märkte bummeln und in gemütlichen Restaurants essen. Der Stadtteil wurde zum Weltkulturerbe ernannt und ist reich an Kultur. So

liegen im schönen **Greenwich Park** prachtvolle alte Gebäude. Angefangen beim **Royal Observatory**, wo der Nullmeridian die Welt teilt. Aber auch das **Maritime Museum**, die **Cutty Sark** und das **Old Royal Naval College** sind einen Besuch wert. Spaß macht eine Fahrt mit der **IFS Cloud Cable Car**, die in fünf Minuten von der O2 Arena in Greenwich zu den Royal Docks und wieder zurückfährt. Die Fahrt führt über die Themse, wobei du einen tollen Blick auf die Stadt hast.
Greenwich, SE10, www.visitgreenwich.org.uk, DLR Greenwich

(F) Von Greenwich kannst du eine schöne Bootsfahrt nach **Canary Wharf** machen. Man verlässt sozusagen ein Dorf und landet in einer sehr großen Stadt. Hier legt man nämlich zwischen den Wolkenkratzern der Docklands an. In diesem neuen Finanzzentrum Londons mit modernen Wohnblocks, umgebauten Lagerhäusern, kleinen Häfen, überdachten Einkaufszentren und vielen Terrassen kannst du viel Zeit beim Shoppen verbringen. Dabei wirst du nur wenige Touristen treffen. In der Woche ist Canary Wharf hauptsächlich von dahineilenden Männern und Frauen bevölkert, die von einem Meeting zum nächsten hasten. Und wenn möglich, genießen sie ihre Mittagspause auf einer der Terrassen.
Canary Wharf, E14, canarywharf.com, U-Bahn Canary Wharf

(G) Wenn du frische Luft schnappen willst, fahre nach **Hampstead Heath**, einem Naturschutzgebiet im Norden Londons mit mehreren botanischen Gärten, Hügeln, Wäldern, Teichen und Seen. Die Londoner kommen gern hierher, um spazieren zu gehen, zu joggen, zu schwimmen oder um die atemberaubende Aussicht über die Stadt zu genießen. Das nahe gelegene **Hampstead Village** ist ein gemütliches Viertel mit Dorfcharakter, mit ausreichenden Möglichkeiten zum Einkaufen, Essen und Trinken.
Hampstead Heath, NW3, www.hampsteadheath.net, U-Bahn Hampstead

(H) Wenn du dich für alles, was wächst und blüht, interessierst, dann ist **Kew Gardens** ein Muss. Diese 200 Jahre alten botanischen Gärten liegen etwas außerhalb des Stadtzentrums. Nimm dir am besten einen Tag Zeit, wenn du sie besuchst, denn du wirst die größte Sammlung lebender Pflanzen der Welt sehen. Wenn du noch Zeit hast, besuch den schönen Vorort Richmond.
Kew, Richmond, www.kew.org, tgl. 10.00–18.00 Uhr, Eintritt 16,50 £, U-Bahn/Zug Kew Gardens

ⓘ Für moderne, innovative Kunst ist die **Hayward Gallery** eine gute Anlaufstelle. Hier kannst du dir originelle und innovative Ausstellungen von bekannten und weniger bekannten Künstlern anschauen. Die Galerie gibt es seit 1968 und sie liegt in der Nähe der Themse. Es ist ratsam, Eintrittskarten im Voraus zu kaufen. Southbank, SE1, www.southbankcentre.co.uk/venues/hayward-gallery, Mi 11.00–21.00, Do–Sa 11.00–19.00, So 10.00–18.00 Uhr, Eintritt 15 £, U-Bahn Waterloo

ⓙ Der **Leadenhall Market** wurde im 14. Jahrhundert erbaut und ist einer der ältesten Märkte der Stadt. Das wunderschöne Dach wurde von Sir Horace Jones im Jahr 1881 entworfen. Hier findest du Geschäfte, Cafés und Restaurants wie **Barbour**, **The Good Yard** und **The Lamb Tavern**. Der Markt ist auch ein beliebtes Filmset: *Harry Potter und der Stein der Weisen* wurde hier gedreht. Gracechurch Street, EC3V, leadenhallmarket.co.uk, Mo–Fr zu unterschiedlichen Zeiten, U-Bahn Bank/Monument

ⓚ London besitzt inzwischen einige Wolkenkratzer und das **Walkie Talkie** ist einer der jüngsten Neuzugänge. Es ist ein 160 Meter hohes Bürogebäude mit 37 Stockwerken. Ganz oben befindet sich der **Sky Garden**: eine große Freifläche mit einem Landschaftsgarten voller exotischer Pflanzen. Von hier aus hast du einen Rundumblick auf die Stadt. Außerdem gibt es drei Restaurants, in denen du von frühmorgens bis spätabends etwas essen kannst: **Sky Pod Bar**, **Darwin Brasserie** und **Fenchurch Seafood Bar & Grill**. Reserviere unbedingt im Voraus! 20 Fenchurch Street, EC3M, skygarden.london, Mo–Fr 10.00–18.00, Sa–So 11.00–21.00 Uhr, Eintritt frei, U-Bahn Monument

ⓛ **Somerset House** ist ein Treffpunkt für Kunst und Kultur aller Art. In diesem alten charaktervollen Gebäude werden Ausstellungen in den Bereichen Kunst und Design gezeigt. In der **Courtauld Gallery** kannst du weltberühmte Gemälde von Renoir, Monet und Gauguin bewundern. Im Sommer finden im Innenhof Open-Air-Konzerte, Filme und Führungen statt, im Winter gibt es eine Eislaufbahn. Darüber hinaus beherbergt das Somerset House die London Fashion Week. Dann besuchen hier die Fashionistas die zahlreichen Modeschauen, und es ist der Ort, um zu sehen und gesehen zu werden. Strand, WC2R, www.somersethouse.org.uk, tgl. 10.00–19.00 Uhr, Eintritt Somerset House frei, Courtauld Gallery 9 £, U-Bahn Temple/Covent Garden

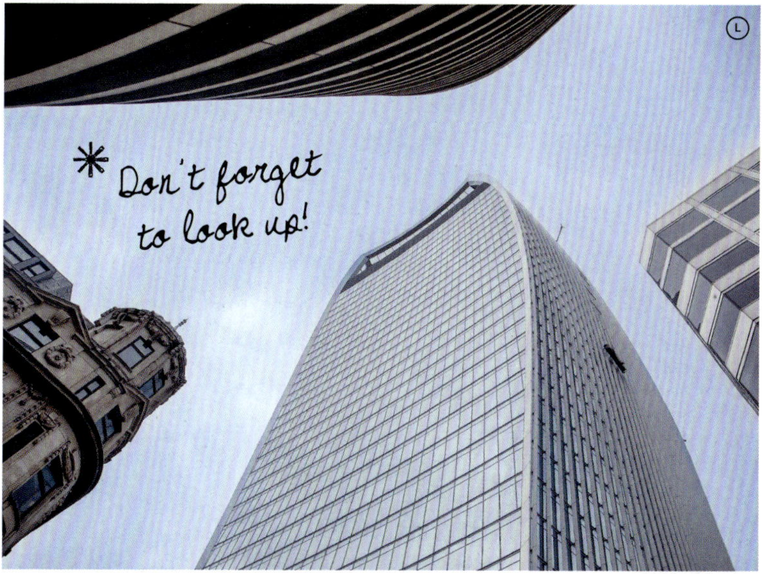
* Don't forget
to look up!

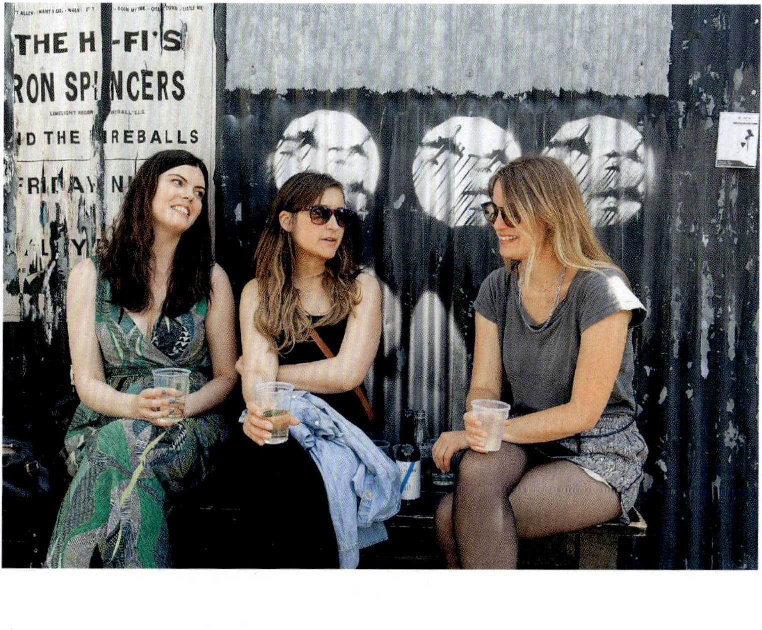
THE H -FI'S
RON SP NCERS
D THE REBALLS

IMPRESSUM

IN GLEICHER REIHE

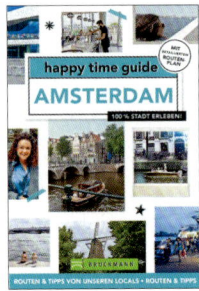

ISBN 978-3-7343-2021-7

ISBN 978-3-7343-1879-5

ISBN 978-3-7343-1996-9

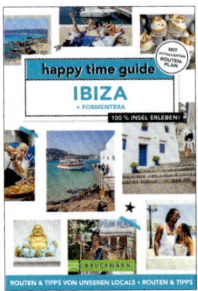

ISBN 978-3-7343-2590-8

ISBN 978-3-7343-1878-8

ISBN 978-3-7343-1998-3

Happy time guide – mehr als ein Reiseführer!

Der happy time guide nimmt dich mit auf unterschiedliche Spaziergänge, auf denen du die Stadt in deinem eigenen Tempo entdeckst und den Lebensstil der Locals kennenlernst. Und das alles, ohne dich vorbereiten zu müssen! Alle Adressen sind persönliche Empfehlungen der Autoren, die in der Stadt leben. Mit inspirierenden Bildern und praktischen Ausklappkarten.

ISBN 978-3-7343-2579-3

www.bruckmann.de

ERSCHIENEN

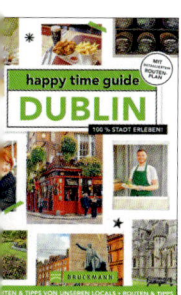

ISBN 978-3-7343-2583-0

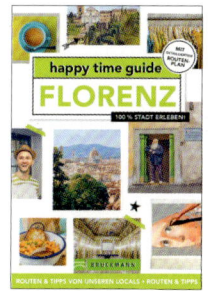

ISBN 978-3-7343-2581-6

ISBN 978-3-7343-2576-2

ISBN 978-3-7343-2582-3

ISBN 978-3-7343-2580-9

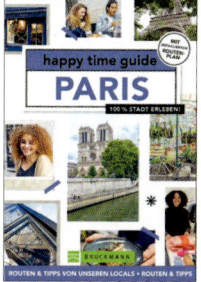

ISBN 978-3-7343-1883-2

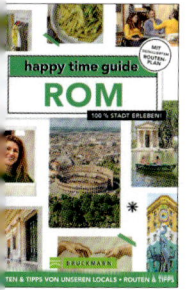

ISBN 978-3-7343-2578-6

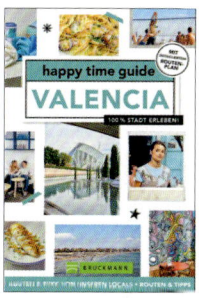

ISBN 978-3-7343-1999-0

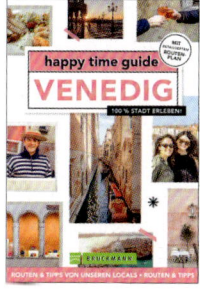

ISBN 978-3-7343-2577-9

IMPRESSUM

© 2022, published by mo'media, Rotterdam. Die Originalausgabe mit dem Titel »time to momo LONDEN« ist im Juni 2022 im Verlag mo'media erschienen.

This edition is published by Bruckmann Verlag GmbH in cooperation with »time to momo«.
Autorin: Kim Snijders
Fotos: David in den Bosch, Marjolein den Hartog, Vincent van den Hoogen
Layout: Studio 100%, Oranje Vormgevers
Kartografie: Van Oort redactie en kartografie
Repro: Marcel Beijnsberger

DEUTSCHE AUSGABE
© 2023 Bruckmann Verlag GmbH,
Infanteriestraße 11a, 80797 München

Verantwortlich: Claudia Hohdorf
Übersetzung: Birgit van der Avoort
Redaktion: Susanne Maute
Korrektorat: Simona Fois
Satz: mcp concept GmbH
Repro: LUDWIG:media
Herstellung: Alexander Knoll
Printed in Turkey by Elma Basim

ISBN 978-3-7343-1998-3

Sind Sie mit diesem Titel zufrieden? Dann würden wir uns über Ihre Weiterempfehlung freuen. Erzählen Sie es im Freundeskreis, berichten Sie Ihrem Buchhändler, oder bewerten Sie bei Onlinekauf. Und wenn Sie Kritik, Korrekturen, Aktualisierungen haben, freuen wir uns über Ihre Nachricht an Bruckmann Verlag, Postfach 40 02 09, D-80702 München oder per E-Mail an lektorat@verlagshaus.de.

Unser komplettes Programm finden Sie unter  www.bruckmann.de